O corpo e seus símbolos

Dados Internacionais de Catalogação na Publicação (CIP)
(Câmara Brasileira do Livro, SP, Brasil)

Leloup, Jean-Yves
   O corpo e seus símbolos: uma antropologia essencial / Jean-Yves Leloup; organização Lise Mary Alves de Lima. 23. ed. – Petrópolis, RJ: Vozes, 2015.

   11ª reimpressão, 2025.

   ISBN 978-85-326-1985-3

   1. Corpo humano – Aspectos simbólicos 2. Espírito e corpo 3. Holismo I. Lima, Lise Mary Alves de. II. Título.

98-0668   CDD-128.2

Índices para catálogo sistemático:
1. Corpo humano: Símbolos: Antropologia: Filosofia   128.2

Jean-Yves Leloup

O CORPO E SEUS SÍMBOLOS

UMA ANTROPOLOGIA ESSENCIAL

ORGANIZAÇÃO
LISE MARY ALVES DE LIMA

EDITORA
VOZES

Petrópolis

© 1998, Editora Vozes Ltda.
Rua Frei Luís, 100
25689-900 Petrópolis, RJ
www.vozes.com.br
Brasil

Todos os direitos reservados. Nenhuma parte desta obra poderá ser reproduzida ou transmitida por qualquer forma e/ou quaisquer meios (eletrônico ou mecânico, incluindo fotocópia e gravação) ou arquivada em qualquer sistema ou banco de dados sem permissão escrita da editora.

CONSELHO EDITORIAL

Diretor
Volney J. Berkenbrock

Editores
Aline dos Santos Carneiro
Edrian Josué Pasini
Marilac Loraine Oleniki
Welder Lancieri Marchini

Conselheiros
Elói Dionísio Piva
Francisco Morás
Teobaldo Heidemann
Thiago Alexandre Hayakawa

Secretário executivo
Leonardo A.R.T. dos Santos

PRODUÇÃO EDITORIAL

Anna Catharina Miranda
Eric Parrot
Jailson Scota
Marcelo Telles
Mirela de Oliveira
Natália França
Priscilla A.F. Alves
Rafael de Oliveira
Samuel Rezende
Verônica M. Guedes

Editoração e org. literária: Augusto Ângelo Zanatta
Tradutora do seminário: Regina Fittipald
Diagramação: Sheilandre Desenv. Gráfico
Capa: WM design

ISBN 978-85-326-1985-3

Este livro foi composto e impresso pela Editora Vozes Ltda.

Sumário

Prefácio – Roberto Crema, 9

Nota da organizadora – De coxear a dançar, um longo caminho a percorrer – *Lise Mary Alves de Lima*, 13

O corpo e os estados de consciência, 15

As diferentes escutas do corpo humano, 15

Etapas do desenvolvimento da consciência, 18

Paralelo entre a evolução da consciência e as diferentes partes do corpo, 22

Os pés, 27

Anamnese física, 27

Anamnese psicológica, 28

Simbologia dos pés, 29

Sugestões para exercícios práticos, 34

Perguntas e respostas, 35

Os tornozelos, 39

Anamnese física e psicológica, 39

Anamnese espiritual, 40

O mito de Édipo, 41

Uma releitura do mito de Édipo, 47

Perguntas e respostas, 51

Os joelhos, 54

    Anamnese física, 54

    Anamnese psicológica, 54

    Simbolismo dos joelhos, 56

    Perguntas e respostas, 59

As pernas (pernas e coxas), 65

A região sagrada, 67

    Anamnese física, 67

    Anamnese psicológica, 67

    Simbolismo do ânus, 69

    Perguntas e respostas, 71

Os genitais, 73

    Introdução, 73

    Anamnese física e psicológica, 74

    As formas de prazer, 76

    A escada dos níveis de amor, 78

    Simbologia do sexo, 84

    A Aliança entre Deus e os homens, 85

    Perguntas e respostas, 86

O Ventre, 92

    Anamnese física e psicológica, 92

    O simbolismo do ventre, 94

    O trabalho do Terapeuta, 96

    Os diferentes órgãos do ventre, 97

O fígado e as vias biliares, 98

O estômago, 101

O baço, 104

O pâncreas, 105

Os rins, 106

A coluna vertebral, 108

Anamnese física e psicológica, 108

Simbolismo da coluna vertebral, 109

A medula dos nossos ossos, 112

O coração e os pulmões, 114

Introdução, 114

Anamnese física e psicológica, 115

O pescoço, 118

A nuca, 122

As mãos e seu simbolismo, 124

A cabeça, 129

Conclusão, 132

Prefácio

"Não existe senão um só templo no universo,
e é o Corpo do Homem. [...] Curvar-se
diante do homem é um ato de reverência
diante desta Revelação da Carne.
Tocamos o céu quando colocamos
nossas mãos num corpo humano."

Novalis

"O corpo é o inconsciente visível", afirmava Wilhelm Reich. É o nosso texto mais concreto, nossa mensagem mais primordial, a escritura de argila que somos. É também o templo onde outros corpos mais sutis se abrigam.

A pele é a ponte sensível do contato com o mundo e pode ser também um abismo. É o nosso órgão mais extenso, é o nosso código mais intenso, um lar de profundas memórias. O corpo sente, toca, fala, comunga. Vida incorporada, corpo da vida.

Hoje sabemos o quanto nos desviou da saúde integral a concepção moderna que dissociou o corpo da alma e do espírito. Perdemos a coesão e a congruência; mais do que isto, perdemos a transparência. A fragmentação epistemológica também se refletiu no indivíduo e na sociedade, separando o organismo do meio ambiente, enfatizando as fronteiras e os conflitos. Alienação diabólica, já que *diablos* é o que divide, o fator tanatológico básico. Divino é o que vincula, unifica e restaura a inteireza vital.

Diz o poeta Fernando Pessoa: *"O meu olhar é nítido como um girassol.*
Tenho o costume de andar pelas estradas
Olhando para a direita e para a esquerda,
E de vez em quando olhando para trás...
E o que vejo a cada momento

É aquilo que nunca antes eu tinha visto,
E eu sei dar por isso muito bem...
Sei ter o pasmo essencial
Que tem uma criança se, ao nascer,
Reparasse que nascera deveras...
Sinto-me nascido a cada momento
Para a eterna novidade do Mundo..."

Temos sido modelados para a especialização e o especialista fechado é a pessoa que perdeu o olhar aberto, simples e natural. É alguém com a nuca rígida, a "cerviz dura", que perdeu a flexibilidade de olhar para os lados, para cima, para baixo e para trás. É alguém com uma viseira, cujos cacoetes adquiriram *status*. Neste olhar estreito e minimizado, o inusitado nos escapa. Perdemos o deslumbramento, o espanto essencial. No caminho viciado e repetitivo, a estagnação assassina o milagre do servir. Escapa-nos o poder inocente do arquétipo da Criança Divina. Na tumba do conhecido padecemos; já não renascemos mais para "a eterna novidade do mundo".

Em sua *anamnese essencial*, esta ampla escuta do mais superficial ao âmago da recordação do que *somos*, Jean-Yves Leloup nos convida a resgatar toda a flexibilidade de nossas articulações, das articulações do corpo às articulações psíquicas e da inteligência humana. Com a sua impecável hermenêutica, Leloup nos conduz a uma jornada consciencial, da planta dos pés, subindo pela Árvore da Vida da coluna aos píncaros da multifacetada face da cabeça. Da leitura física à psíquica, este texto nos abre, também, para uma leitura essencial. Trata-se de olhar para a realidade através de todos os seus lados, ângulos e recantos. Sem confusão e sem oposição; nada negar e nada idolatrar: eis a visão holística. Assim, revigorados na dança da inteireza, com uma visão aberta e inclusiva, poderemos evoluir do "cacoete" disciplinar para o "samba" da transdisciplinaridade.

São muitas as histórias que jorram dos múltiplos cantos misteriosos do corpo-alma-pneuma que somos. Sem dúvida, uma das mais excitantes e sábias, Jean-Yves Leloup nos contará a partir de um tornozelo ferido. A sua leitura do mito de Édipo é de extraordinário alcance, redimindo-nos de uma fixação na culpabilidade e de uma cegueira de superfície. A hermenêutica de Leloup recolocará Édipo de pé para prosseguir no seu itinerário de individuação, rumo ao Reino do Ser.

Uma outra excepcional obra que trata do corpo simbólico é a da Annick de Souzenelle, *O simbolismo do corpo humano – Da árvore da vida ao esquema corporal,* publicado em português, recentemente, pela Editora Pensamento. Inspirando-se na tradição sobretudo hebraica, a autora se aprofunda, com maestria, na dimensão arquetípica do corpo humano. Jean-Yves Leloup conhece Annick de Souzenelle há longos anos e, por muitas vezes, dialogaram e entraram em acordo sobre os vários temas deste complexo assunto. Dessa maneira, Leloup se inspirou livremente em suas referências comuns à tradição hebraica, sendo a sua abordagem, entretanto, mais abrangente e vasta focalizando, sistematicamente, do aspecto somático ao psíquico e espiritual. Na sua opinião, a anamnese espiritual do corpo e seus símbolos deve se enraizar, sobretudo, em uma anamnese médica e psicológica consistentes, se realmente quisermos *cuidar do Ser* em sua inteireza.

Jean-Yves Leloup nos conduz a uma lúcida aventura pelo labirinto encarnado da condição humana como competente terapeuta, psicólogo, filósofo e teólogo, apontando-nos para a fundamental tarefa de desvelar sentidos em cada passo da jornada existencial. O símbolo é o visível que aponta para o invisível, o trampolim para o mergulho no desconhecido. Assim, torna-se possível transmutar a existência numa criação permanente, escrevendo-a como uma epopeia única que acrescenta algo ao universo. Como afirma Leloup: "O homem é o seu próprio livro de estudo. Basta ir virando as páginas, até encontrar o autor".

A arte de transformar em livro um seminário, com o mesmo título, no qual Jean-Yves Leloup foi traduzido pela companheira da Unipaz, Regina Fittipaldi, foi obra realizada, com dedicação, zelo e amor, por nossa querida colaboradora, Lise Mary Alves de Lima, a quem dedicamos, novamente, o tributo de nossa sincera gratidão.

Roberto Crema
do Colégio Internacional
dos Terapeutas

Nota da organizadora
De coxear a dançar,
um longo caminho a percorrer

– Para onde vais, Andarilho,
nesse andar assim cambaio?
– Vou ao encontro da Manhã.
Thiago de Mello

De todos os textos de Jean-Yves que já "arrumei" – nesta minha nova profissão de arrumadeira – este foi, para mim, o mais denso, o mais emocionante e o mais contundente. Explico: neste espaço-tempo onde decorre minha vida, tenho sido médica e deficiente física. Se, por estar sendo médica, o texto se tornou fácil de ser arrumado, por estar sendo deficiente física, ao lidar com minhas resistências, limitações, negações e memórias inconscientes que afloravam, o texto se tornou às vezes muito difícil.

Teve um momento em que parei, avaliei todas as minhas sequelas de poliomielite e pensei: – "A acreditar em Jean-Yves, não sei como nasci, não tive pai, não tive mãe. Meu lado direito é extremamente avariado e agora o esquerdo o acompanha". Resolvi acreditar em Jean-Yves, mesmo porque todas as evidências gritavam que o fizesse. E lhe agradeço a oportunidade de tê-lo ouvido, meditado a cada página escrita, atravessado montes, colinas, outeiros, fortalecendo o coração para iniciar minha dança.

E como um adolescente me disse um dia que todos nós nascemos com pequenos defeitos, o texto é universal. Ele nos força a escutar nosso corpo, a melhor conhecê-lo, a melhor respeitá-lo. Ele nos remete ao mais profundo de nós mesmos, puxando lá de dentro a esperança. Curar-nos para curar o mundo, começando pelos que estão bem pertinho de nós – nossos filhos, por exemplo. Se não tive colo, estarei sempre atenta para dar colo a meu filho. Darei colo na justa medida, nem muito para compensar o que eu não tive, nem pouco para que não se acostume ao prazer. E assim por diante.

Como ele próprio o diz, é apenas um começo, porque a escuta do corpo é infinita. Eu diria também que é muito pessoal, que é bem particular. É uma escuta minha e é infinita. Com a finalidade de descomplicar, de tornar a vida mais simples e mais feliz. Passo a passo, sem pressa e sem querer tudo de uma vez. Passo a passo, mas infinitamente consciente de cada passo, um passo de cada vez, um passo a mais...

E antes que me esqueça, este texto que virará livro será mais uma publicação da Coleção Colégio Internacional dos Terapeutas. Teve sua origem em um seminário realizado em Brasília, sob os auspícios da Unipaz, com o nome de "Antropologia Essencial: O Corpo e seus Símbolos", nos dias 4 a 6 de novembro de 1996. O seminário foi coordenado por Roberto Crema, vice-reitor da Unipaz e a tradução "ao vivo" foi feita por Regina Fittipaldi.

Coube a mim, como das outras vezes, escutar dois lotes de fitas, um deles gentilmente cedido pela psicóloga Mônica Barros José Jorge e adaptar a palavra falada para a palavra escrita, organizando depois o texto para torná-lo mais didático e compreensível. Além da Mônica e do Roberto, muitos me ajudaram durante o percurso, como Aquiles Henn, que deu forma às palavras em grego; e diversos livros que com a maior sem-cerimônia vieram às minhas mãos, justo quando mais precisava deles. Seus autores estão devidamente citados em notas de rodapé.

Desejo a vocês uma feliz viagem pelos meandros de seus corpos. Mergulhem nele de ponta-cabeça, vão corajosamente em frente, porque terão uma Mão na mão de vocês para guiá-los e abençoá-los em nome do Pai, do Filho e do Espírito Santo. Amém.

Brasília, 30 de junho de 1997.
Lise Mary Alves de Lima

O corpo e os estados de consciência

Convido-os a escutar, não minhas palavras, um discurso ou uma teoria. Convido-os a escutar nosso corpo.

Alguns já disseram que o corpo não mente. Mais que isso, ele conta muitas estórias e em cada uma delas há um sentido a descobrir. Como o significado dos acontecimentos, das doenças ou do prazer que anima algumas de suas partes. O corpo é nossa memória mais arcaica. Nele, nada é esquecido. Cada acontecimento vivido, particularmente na primeira infância e também na vida adulta, deixa no corpo sua marca profunda.

Como exemplo, lembramos o perdão. Podemos perdoar alguém com a mente. Como disse Platão, aquele que tudo compreende, tudo perdoa. Podemos perdoar com o coração, sinceramente, e nos reconciliarmos depois de termos cumprido os atos de justiça concernentes. Mas o corpo é, frequentemente, o último que perdoa. Sua memória é sempre muito viva. E nossa reação, diante de tal ou qual pessoa que nós perdoamos com nossa mente ou com nosso coração, trai a não confiança estabelecida em nosso corpo.

As diferentes escutas do corpo humano

Convido-os, portanto, às diferentes escutas do corpo humano. Começaremos por um trabalho de *anamnese* e gostaria de esclarecê-los sobre esta palavra que utilizamos sempre em nossa prática, em nosso modo de abordar o ser humano. É uma palavra muito empregada no meio médico e significa o conjunto de informações que o médico, o psicólogo ou o terapeuta recolhem do paciente, quando o interrogam sobre a história de sua doença. Em suma, é uma análise dos sintomas e das somatizações.

A palavra anamnese deriva da palavra grega *anamnésis*, e significa recordação, lembrança. Platão já dizia que nada aprendemos e que apenas nos lembramos. Existe em nós uma memória essencial, a memória do ser verdadeiro que somos. Dessa maneira, denomino *anamnese essencial* a arte e a prática de lembrar-se do Ser, por meio das memórias do corpo físico e das marcas psicológicas deixadas nele. Porque o corpo humano se recorda de todos os momentos que atravessou e viveu.

É por isso que a orientação do nosso trabalho, mesmo se falamos de coisas bem concretas ou mesmo triviais, permanece dirigida para a lembrança do Ser, que é algumas vezes bloqueada pelas memórias do corpo e do psiquismo.

Faremos, inicialmente, uma *escuta física*, uma anamnese médica ou fisiológica, reavivando a memória do que aconteceu em nosso corpo, dos pés à cabeça. E tentaremos identificar o nosso ponto fraco, o lugar do nosso corpo onde vem se alojar, regularmente, a doença e o sofrimento.

Em seguida é preciso que entremos em uma escuta, em uma anamnese psicológica. Observaremos o medo ou a atração que vivemos em relação a algumas partes do nosso corpo. E em quais condições psicológicas se manifestaram certas doenças ou certos sofrimentos. Esta é uma *escuta psicológica* do corpo.

Há ainda uma *escuta espiritual*. O Espírito está presente em nosso corpo. E, certas doenças, algumas crises, são manifestações do Espírito que quer trilhar um caminho, que quer crescer, que quer se desenvolver em membros que lhe resistem.

Algumas depressões, por exemplo, estão ligadas a dificuldades de ordem física e são tratadas com vitaminas ou com exercícios. Outras depressões estão ligadas a ocorrências psicológicas, a um rompimento, uma provação, uma falência. Mas há também depressões que poderíamos chamar de *iniciáticas,* onde a vida nos ensina, por meio de uma queda, de um acidente ou de uma provação, que devemos mudar o nosso modo de viver. E nos ajuda a reencontrar o nosso verdadeiro eixo. Porque se podemos correr dançando para um abismo, mais valeria coxearmos em uma direção que tenha um sentido.

Assim, esta abordagem se dirige ao homem em sua inteireza. E o terapeuta, que acompanha este corpo que somos, não é apenas um médico, não é somente um psicólogo, não é somente um sacerdote. Mas deve manter unidas, ao mesmo tempo, a competência e a escuta destas três personalidades. Da mesma maneira ocorria entre os Terapeutas de Alexandria, que cuidavam do corpo, do psiquismo e também do ser espiritual. Trata-se, pois, de escutar cada uma das partes do nosso corpo, do ponto de vista físico, psicológico e espiritual.

Penso em uma frase importante, no Prólogo do Evangelho de São João: "Ele veio para o que era seu e os seus não O receberam"[1]. A vida nos é dada mas nem sempre é recebida. Tudo nos é dado mas nem tudo é recebido. Existem partes de nós mesmos, alguns de nossos membros, que estão fechados ao próprio movimento da vida, que estão fechados ao Sopro do Vivente[2]. Cada um de nós, de modo bem particular e pessoal, tem um espaço de abertura e um espaço de fechamento.

---

1. Evangelho segundo São João, capítulo 1, versículo 11.

2. A Bíblia de Jerusalém (Novo Testamento) define vivente como aquele que possui a vida como coisa própria, que possui a vida em si mesmo e isso é um atributo de Deus.

No decorrer deste livro, ensaiaremos entrar em relação íntima com estas partes de nós mesmos, com cada um de nossos membros e observar como estas partes e estes membros acolhem o sopro da vida. Como eles podem, às vezes, somatizar acontecimentos relacionados à física ou à medicina, acontecimentos relacionados com o estado mental, psicológico e afetivo. Alguns problemas que se somatizam têm suas raízes no mundo espiritual, através de uma recusa ou de um fechamento do nosso ser ao Ser Espiritual.

Etapas do desenvolvimento da consciência

Primeiramente, quero lhes mostrar as diferentes etapas de desenvolvimento da consciência, desde a vida intrauterina pré-pessoal até a abertura ao transpessoal e ressaltar as ressonâncias que podem existir no corpo. Porque ele registra, em suas diferentes partes, estas etapas de evolução da consciência.

Nosso corpo é como uma escada. Nela as partes mais altas se apoiam sobre as partes mais baixas. E se a base não é sólida, o que está no alto não pode se manter, não pode se sustentar. Podemos imaginar nosso corpo semelhante a uma árvore. Se a seiva está viva em nós, ela desce às nossas raízes e sobe até os mais altos galhos. É do nosso enraizamento na matéria que depende nossa subida para a luz. É da saúde dos nossos pés e de seu enraizamento, é da força e da elasticidade de nossa coluna vertebral, é da abertura e do fechamento de nossas mãos, que pode nascer o gesto vivo.

Portanto, proponho-lhes fazer um paralelo entre a escada de evolução da consciência e a escada do nosso corpo.

A escada de evolução da consciência

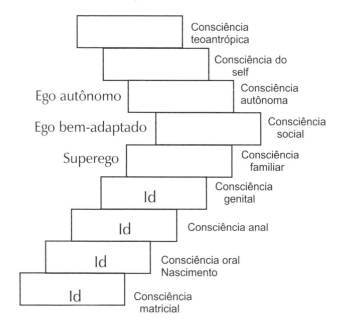

Nosso primeiro local de memória é a vida intrauterina. Neste período somos completamente passivos e tudo o que a mãe vive, em seu ambiente, é registrado diretamente naquele que vai se tornar o nosso corpo. Alguns de nós têm memórias muito antigas, muito arcaicas, que têm raízes na vida intrauterina. Poderíamos chamar estas memórias de *consciência matricial* ou *matriz*.

Em seguida vem um momento marcante para o nosso corpo, que é o *nascimento*. O nascimento é uma doença da qual nunca nos recuperamos. Psicólogos, como Janov, têm tendência a tudo explicar a partir do traumatismo do nascimento e das marcas por ele deixadas no corpo.

Após o nascimento, o corpo do bebê entra em relação com um outro corpo, procurando a fusão e a unidade que ele acaba de perder. Surge o que poderíamos chamar de *consciência oral*, o momento em que a consciência está concentrada em torno da boca. Em virtude de nossas memórias, que podem ser muito fortes neste nível de evolução, podem ocorrer sintomas de bulimia ou anorexia, com o medo de comer e o medo de ser comido. É por isso que em muitos contos de fadas aparece a figura do ogro, o gigante voraz que come as crianças pequeninas. Tudo o que gira em torno de nossa oralidade deve ser observado.

Pouco a pouco, a criança perde a identidade com o corpo da mãe e descobre o seu próprio corpo. É o momento em que ela chupa seu dedo, seu pé, em que ela brinca com suas fezes. Por isso, nesta fase, poderíamos falar do aparecimento de uma *consciência anal*. Não é fácil este período da nossa existência. A aprendizagem da limpeza condicionará profundamente a atitude que temos para com o nosso próprio corpo, seja desprezo, seja adoração. Então, algumas formas de idolatria ou de desprezo pelo corpo têm suas raízes nesta época de nossa existência.

À consciência anal segue-se o que chamamos de *consciência genital*. A descoberta de nosso ser sexuado. Aí também podemos encontrar uma fonte de felicidade ou de dificuldades. Por exemplo, aceitarmo-nos na sexualidade que temos. Porque a sexualidade que temos não é sempre a sexualidade que somos, isto é, o sexo que temos fisicamente pode não ser o sexo que somos interiormente.

Podemos ter sido desejados por nossos pais como uma menina e termos nascido um menino ou vice-versa. E isto nos criará problemas de impotência ou de frigidez. São memórias que se inscrevem em nosso corpo, as quais impedem que a vida, neste local do nosso corpo, manifeste-se de um modo simples e feliz.

Quando crescemos, surge a *consciência familiar*, na qual correspondemos à imagem que nossos pais têm de nós. A imagem que eles têm e que esperam de nós. É difícil sair das expectativas que nosso pai ou nossa mãe tiveram a nosso respeito. E, algumas vezes, nunca nos tornamos nós mesmos. Continuamos, pelo resto de nossas vidas, fixados a este programa, a este projeto que nossos pais nos deram.

Mas se crescermos e não tivermos medo, chegaremos a um outro nível de consciência que é a *consciência social*. Para Freud, este degrau é o topo da escada: a capacidade de ter boa relação sexual com outrem e a capacidade de, por seu trabalho, estar integrado na sociedade. O que desejar a mais? Segundo Freud, este é o objetivo da vida humana.

Entretanto, para alguns, esta adaptação social não é um sinal de saúde. Porque estar bem-adaptado a uma sociedade doente não é estar em boa saúde. Impelidos então pelo desejo interior do Vivente, tornam-se livres em relação a esta imagem social e atingem uma *consciência autônoma*.

Poder-se-ia dizer que a consciência social é o reino do Eu, do Ego bem-adaptado e que, acima dela, é o reino do Ego autônomo. No domínio do Id estão os inconscientes matricial, oral, anal, genital. O inconsciente familiar (e, frequentemente, o inconsciente social) é o reino do Superego. O Ego deve se libertar do domínio do Id e do Superego. Esta é a psicologia clássica que nós conhecemos.

Há ainda entre nós aqueles que, a partir de um certo número de crises ou de depressões, descobrem que a afirmação do Eu autônomo, mesmo sendo uma bela realização, não é ainda o objetivo último de suas vidas. Ao lado da consciência autônoma, eles descobrem a *consciência do Self*, a consciência da Verdade, da Vida, que anima a sua pequena vida e a sua pequena verdade.

Esta consciência pode nos chegar através de um medo ou de uma recusa. Já nos referimos a estes estados quando falamos a respeito de Jonas, em um livro anteriormente publicado[3]. Neste

---

3. *Caminhos da realização – Dos medos do eu ao mergulho no Ser.* Petrópolis: Vozes, 1996.

caso temos medo de perder a razão ou de nos tornarmos diferentes dos outros. Mas esta é a condição para que o Self permaneça no interior de nós.

Talvez haja ainda uma outra etapa ou outras etapas, mas não podemos traduzi-las por meio de palavras. Poderíamos falar de uma *consciência teoantrópica* (de *Theos*, Deus e *Anthrópos*, homem). Um estado de consciência que está além do desejo e além do medo. Mas nós somos todas estas etapas. E em alguma parte de nós existe este estado de não medo e de não cobiça (entendendo-se por cobiça o desejo com interesse), como haverá sempre a pulsão sexual, o medo da doença, o medo da decomposição. Em nós, todas estas memórias estão sempre presentes.

Paralelo entre a evolução da consciência e as diferentes partes do corpo

Como encontrar estas memórias em nosso corpo? Podemos nos alongar em um divã, lembrando-nos das diferentes etapas de nossa existência, dos bloqueios, dos nós, algumas vezes das fragmentações. Existe uma diferença entre a neurose e a psicose. A neurose é um nó, uma fixação, para onde etapas da vida nos levam sem cessar. A psicose, porém, é muito mais grave, porque nela alguma coisa se quebrou. E então, em cada caso, o trabalho do terapeuta será diferente, pois trata-se de restabelecer a circulação livre e o movimento através da escada. Porque a saúde não é somente subir mas é também descer. Subir e descer a escada. Estar vivo dos pés à cabeça.

Podemos observar, também, a escada de memórias que o nosso corpo carrega. Observar, pensando no que Pascal chamava *esprit de finesse*[4] – espírito de refinamento. Quer dizer, não procurar explicar as coisas segundo a lei de causa e efeito. Por exemplo, não

---

4. Segundo o Dicionário Larousse, *Esprit de finesse* pode ser entendido também como espírito de discernimento, perspicácia, penetração.

é porque você tem dor nos pés, que sua mãe não o desejou. Mas observar que alguém com problemas em seus pés, alguém com dificuldade em se manter enraizado na terra, quando escuta seus pés pode, também, descobrir que não foi desejado por seus pais.

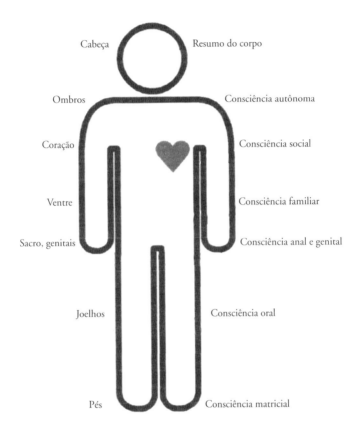

Não há lei de causa e efeito, mas há uma ressonância, uma sincronicidade entre o nosso corpo físico e o nosso corpo de memórias. Nosso corpo tal como foi sonhado e desejado ou tal como foi não sonhado, não desejado, não acariciado.

Isto posto, podemos observar nosso corpo e colocá-lo sobre os degraus da escada. Veremos o corpo, inicialmente, de uma maneira geral. No decorrer do livro, entraremos em cada um dos membros, em cada uma de suas partes. Mas desde já podemos notar que há partes dos nossos corpos que nos são muito familiares e outras que são desconhecidas. Há partes de nossos corpos que amamos muito e que talvez tenham sido muito amadas. E outras partes que nos fazem medo, que nos desgostam, talvez porque não foram amadas ou porque foram violentadas e maltratadas. Podemos observar isso agora.

A primeira etapa é a dos *pés*. Colocaremos nossos pés em ressonância com esta etapa que chamamos de *consciência matricial*. E observaremos o que se passa fisicamente neles e qual é a nossa relação com eles. Estudaremos também, na mitologia, na teologia e na espiritualidade, o simbolismo dos pés.

Os *joelhos* nos remetem ao período da *consciência oral*. Esta relação pode parecer curiosa. Entretanto, quando vocês estão sentados sobre os joelhos de alguém, estão próximos do seu colo, de seus seios. Algumas pessoas não conheceram a experiência de sentarem sobre os joelhos de um pai ou de uma mãe. Ou, por outro lado, ficaram sentados sobre esses joelhos por um tempo excessivo.

Tudo o que corresponde à parte inferior do corpo, *coxas* e mais acima, *nádegas*, e *genitália*, corresponde às *consciências anal e genital*. Podemos observar que nosso corpo guarda memórias que lhe fazem mal e que lhe trazem, talvez, alguma angústia. Trata-se de observá-las de maneira muito objetiva mas, também, de modo espiritual e sagrado. Porque todas estas partes do corpo se unem no *sacro*[5], que é o local do templo, o lugar sagrado. Em certas culturas e em certas antropologias, o templo foi devastado

---

5. O sacro era, para os romanos o *os sacrum*, o osso sagrado que era oferecido em sacrifício aos deuses. O sacro é formado pela soldadura das 5 últimas vértebras lombares. Articula-se com o ilíaco para formar a bacia.

e destruído. Muitas vezes estas partes de nós mesmos não são amadas nem respeitadas.

Quando subimos a escada dos estados de consciência, falamos da *consciência familiar* com o ventre e a coluna vertebral e da *consciência social,* que corresponde ao *peito* e ao *coração.* Esta é, talvez, a parte mais dolorosa do nosso ser, que nos impede de abrir os braços e entrar no estado de espírito que este gesto indica. Esse impedimento pode vir de um traumatismo de ordem física, donde a importância de observarmos certos acontecimentos que traumatizaram nossa existência, antes de falarmos nos simbolismos do coração e do Sopro.

Conto-lhes a estória de uma menininha que correu para sua mamãe, com os braços abertos para abraçá-la e a mãe tinha nas mãos uma panela de água fervente. E a menina recebeu a água fervente sobre o coração e o peito. A cada vez que ela ensaiava abrir os braços, abrir seu coração e seu peito a outrem, seu corpo despertava para a memória deste traumatismo. Ela teve que superar este trauma para abrir seus braços a um homem e, mais tarde, a uma criança.

Vamos, em seguida, em direção ao que chamamos de *consciência autônoma,* que corresponde às *espáduas,* aos *ombros.* Pessoas com o Ego muito afirmado têm os ombros erguidos. Há mesmo algumas delas que utilizam ombreiras em suas roupas. Este é um modo de se afirmarem perante a sociedade.

Para Graf Dürckheim, a passagem do Eu ao Self pode ser lida no corpo. Os ombros se relaxam, se distendem. Não precisam mais do artifício das ombreiras. O centro se desloca e vem para o *hara.* Observando nosso próprio corpo, vemos como nossa evolução interior pode modelá-lo.

Falaremos, também, do *estômago,* do *ventre,* do *abdome* – o *hara.* Estes diferentes locais do corpo, dos quais falaremos em uma linguagem psicológica contemporânea, poderiam ser colocados em relação com a linguagem da antropologia tradicional, como a ioga, a cabala.

A *nuca* é um local importante. Por exemplo, a expressão utilizada na Bíblia para falar de Israel é a de "um povo com a nuca rígida". E a passagem do pessoal ao transpessoal é a passagem do rígido ao flexível. No livro do Tao há um trecho onde se diz que o sábio, em vez de enrijecer à medida que envelhece, não perde a elasticidade e a dança da criança.

Em seguida faremos um breve apanhado sobre a *cabeça* que, através dos olhos, nariz, ouvidos e maxilares, resume todo o corpo. Finalizamos o capítulo com esta visão global do corpo humano e suas relações com as etapas de evolução da consciência.

De um ponto de vista prático, tanto entre os Terapeutas de Alexandria, como na psicologia iniciática de Graf Dürckheim, há esta frase que retorna sempre: "Quando você toca alguém, nunca toque só um corpo". Quer dizer, não esqueça que você toca uma pessoa e que neste corpo está toda a memória de sua existência. E, mais profundamente ainda, quando você toca um corpo, lembre-se de que você toca um Sopro, que este Sopro é o sopro de uma pessoa com seus entraves e dificuldades e, também, é o grande Sopro do universo. Assim, quando você toca um corpo, lembre-se de que você toca um Templo.

Muitos dentre nós nunca foram tocados como templo ou como sopro e nem mesmo, em certos casos, como uma pessoa. Muitos foram tocados somente como pedaços de carne animal, apenas como coisas. Então podemos compreender o sofrimento, as marcas que ficaram inscritas sobre esse corpo. O papel do terapeuta, por meio da anamnese física, psíquica e espiritual é o de permitir a livre circulação da energia e da vida neste corpo.

Os pés

Anamnese física

Em um primeiro trabalho de anamnese física nos é pedido que observemos como estamos sobre nossos pés, durante uma semana mais ou menos, porque este estudo requer tempo e atenção. Verificar se nossos pés são locais de problemas para nós. Se recebemos ferimentos ou golpes nesta parte do corpo, em qual momento, em qual circunstância. E que marcas físicas, que fragilidades, estes ferimentos deixaram em nosso corpo.

Em seguida, observaremos nossa relação com o odor que emana de nossos pés. O cheiro dos nossos pés é agradável ou desagradável? Vocês sabem que há crianças que têm uma verdadeira paixão pelos pés. E certas mães adoram "comer" os pés de seus filhinhos. Cada um tem relações bem diferentes com o gosto, o cheiro e a sensação dos pés.

Em francês há uma expressão: *savoir prendre son pied*, que, traduzida literalmente, quer dizer "saber segurar seu pé". Esta expressão significa a capacidade que temos de sentir prazer. Há entre nós pessoas que nunca sentem prazer. O prazer para elas é algo muito difícil. Se estas pessoas não "seguram seu pé", há outras, entretanto, que só pensam em segurá-lo [...]. Portanto, esta faculdade de sentir prazer, ou não, é um fato a ser observado. É uma questão tão simples, tão banal, mas ao mesmo tempo tão fundamental! Será que experimentamos prazer em estarmos sobre a terra? Ou não experimentamos nenhum prazer? Esta é uma pergunta a fazer aos nossos pés.

Poderíamos passar um pouco de tempo sentindo nossos pés e vendo como estamos em relação a eles. Mas, se vocês preferem, deixaremos estes exercícios práticos para a intimidade de nossas casas quando, inclusive, poderão ser partilhados em certos grupos, uns com os outros.

Anamnese psicológica

Em um segundo momento, depois desta análise sensível, seria preciso nos interrogarmos sobre o desejo que nos chamou à existência. Será que fomos desejados ou será que não fomos desejados? Se fomos desejados por nossos pais, quais foram as suas expectativas a nosso respeito? Ficaram felizes ou decepcionados de nos ver chegar a esta terra? Igualmente, qual é o nosso desejo em relação a um filho? Por que queremos colocar filhos no mundo? Por que não queremos colocá-los?

Estas são questões com as quais interrogamos nossas raízes. E se nós mesmos recebemos raízes, talvez possamos dar raízes aos outros. Quais são as nossas raízes? Lembrem-se desta expressão: a "planta dos pés". Esta planta clama por raízes.

De onde venho? Será que sou demais no mundo? Sentir-me sobrando no mundo... Nunca sentir-me em meu lugar... O mundo não é minha pátria, minha mátria... É difícil para mim ter os pés sobre a terra... Como é que eu me sinto, carregado pela terra? Sinto-me desejado, amado pela vida? Posso sentir isso se escuto bem meus pés. Sentirei, em um certo dia, com os meus pés plantados na terra, a que ponto estou bem. E da terra me será comunicado um sentimento de tranquilidade, um sentimento de que eu faço parte dela. Um momento, no qual sinto que não estou sem raízes.

O terapeuta pode ajudar alguém a reencontrar suas raízes. Quando esta pessoa não foi desejada, quando não foi esperada ou quando ficou decepcionada por ter vindo a esta terra, o terapeuta pode ajudá-la a reencontrar seus dois pés. Os seus dois pés na terra.

A grande maioria de nós é manca. Isto é, sentimos que, de um lado fomos desejados e, do outro, não desejados. Pertencemos a um determinado mundo e pertencemos, também, a um outro mundo. Este fato pode ser observado sob os pontos de vista físico, psicológico e espiritual.

Um grande sábio me dizia: "Se você teve uma experiência do transpessoal pode ocorrer que se sinta manco sobre a terra. Porque você terá um pé neste mundo e um pé no outro". Falaremos disso novamente quando nos referirmos à ferida do quadril. Um texto da Bíblia refere[6] que Jacó após ter lutado com o Anjo, antes de ter reencontrado a nova dimensão do ser, ele manca. E os antigos nos dizem que se uma pessoa caminha mancando e a olhamos de uma determinada distância, pode nos parecer que ela dance em vez de mancar. Portanto, lembremo-nos que é preciso transformar a nossa vida que coxeia em uma vida que dança, por meio da compreensão e da aceitação.

Simbologia dos pés

Estudemos a simbologia dos pés, inicialmente no *nível psicológico*. Para Freud, por exemplo, o pé teria um significado fálico e o sapato seria um símbolo feminino. Cabe ao pé adaptar-se ao sapato. Há um provérbio francês que diz: *Il faut trouver chaussure à son pied*, que quer dizer: "é preciso encontrar um sapato para o seu pé"[7]. Do mesmo modo, poder-se-ia dizer: procurarei um pé que caiba neste sapato. Nesta percepção, o pé é um símbolo erótico tanto nos povos primitivos quanto nos civilizados, podendo ser considerado como um excitante sexual.

---

6. Gênesis, capítulo 32, versículos 23-33.

7. No Brasil, temos uma expressão de significado semelhante: "Para todo pé torto, tem um chinelo velho".

Na evolução psicológica da criança, a descoberta do pé tem um papel importante. É suficiente ver uma criança brincar com seu pé ou com seus pés. Na criança, no adolescente e no homem com evolução normal, a significação fálica do pé diminui e o objeto de desejo se transfere para a área genital.

Para um outro psicólogo, Paul Diel, o pé é o símbolo da nossa força. É o suporte que temos para permanecermos eretos. Algumas vezes, nossos pés são vulneráveis. Lembramos, na mitologia grega, os mitos do calcanhar de Aquiles e do tornozelo de Édipo. Édipo, em grego, quer dizer aquele que tem os tornozelos inchados. Dentro em pouco falaremos das diferentes leituras do que se costuma chamar "o complexo de Édipo", pois a leitura de Freud é apenas uma, entre muitas.

Lembramos também os contos de fadas e, entre eles, a estória da Cinderela, que perde um de seus sapatinhos no baile real. O príncipe que, no baile, apaixonara-se por ela, vai procurar a dona do sapatinho. Este mesmo tipo de conto vocês encontram nas tradições do antigo Egito. Como por exemplo, a estória de uma cortesã que teve suas sandálias roubadas por uma águia enquanto tomava seu banho. A águia levou as sandálias ao faraó que, admirado com o refinamento das mesmas e imaginando os pés que as calçavam, procurou esta moça em todos os lugares do reino e, encontrando-a, desposou-a. Este mito encontra-se, frequentemente e sob formas diversas, em diferentes lugares da terra.

Na tradição chinesa, dava-se muita importância aos pés enfaixados que alteravam o caminhar das mulheres e, sobre este tema, muitos poemas foram escritos. Poderíamos registrar também, além da erotização do pé, o seu fetichismo.

Hermes, filho de Zeus e Maia, era o mensageiro dos deuses e tinha os pés alados. Este símbolo é muito importante porque refere todo um caminho de transformação, de individuação. Assim, passamos do nosso pé ferido, torcido e distendido, nosso pé de Édipo, para o pé alado de Hermes. Portanto, um caminho de transformação.

Nas diferentes práticas de ioga temos a purificação dos pés na água salgada. Creio que esta é uma bela prática porque, pelos pés, podem escorrer nossas fadigas e tensões.

Em muitas tradições espirituais, o mestre lava os pés dos seus discípulos. Cito-lhes o que diz um dervixe: "É uma obrigação requerida pelo Deus do agradecimento e da compaixão, que tu sejas lavado a cada dia, lavado em teus pés de toda a sujeira que o caminho deixar neles e dos erros de rebelião onde tu caminhaste". Nós reencontramos aí uma tradição que nos é muito familiar e que está no Evangelho.

O Evangelho diz que Jesus lavou os pés dos seus discípulos[8]. De um ponto de vista simbólico, lavar os pés de alguém é devolver-lhe sua capacidade de prazer, é recolocá-lo de pé. Quando Jesus está aos pés de seus discípulos, não é apenas por um gesto de humildade, mas é, também, como um gesto de cura e de amor. Porque não se pode amar alguém e olhá-lo de cima. E também não se trata de olhá-lo de baixo para cima, sendo-lhe submisso. Trata-se de colocar-se a seus pés para ajudá-lo a reerguer-se.

Um outro trecho evangélico que todos vocês recordam é o relato do momento em que Maria Madalena lava os pés de Jesus[9]. O texto é importante porque o próprio Jesus, como homem que era, foi naquele momento reconhecido em sua dimensão sexual, em sua dimensão de ser humano. É necessário registrar que o gesto de lavar os pés de seus apóstolos, Ele aprendeu de uma mulher. Porque a lavagem dos pés dos apóstolos, na última ceia,

---

8. Evangelho segundo São João, capítulo 13, versículos 1-15.

9. Evangelho segundo São João, capítulo 12, versículos de 1-8.

vem depois do episódio em que Maria Madalena lava os pés de Jesus com suas lágrimas e os enxuga com seus cabelos.

Em livros anteriores falamos desta ligação entre os cabelos e os pés. Do mesmo modo em que os pés são nossas raízes na terra, os cabelos são nossas raízes no céu. Os cabelos são como antenas que às vezes nos permitem captar mensagens. E quando os cabelos e os pés estão juntos, quando a cabeça e os pés estão juntos, simbolizam um momento de *conjunctionis*, como dizia Jung. Uma conjunção, uma união dos opostos, uma integração entre o céu e a terra.

É por isso que este momento tão íntimo entre Maria Madalena e Jesus é simbolicamente importante. Ele lembra a possibilidade das núpcias entre o céu e a terra. As bodas entre a *Sophia* – sabedoria – e o *Logos*, que é a informação e a inteligência criadora.

A tradição dos Antigos Terapeutas e dos Padres do Deserto nos diz que todos nós temos os pés feridos e maltratados. Não temos mais prazer em viver e em amar. E temos necessidade de sermos cuidados e curados ao nível de nossos pés. Porque, como nos ensina a tradição hebraica, onde o pé tem o mesmo nome usado para festa, regalo (*Reguel*), os pés podem ser a porta de entrada da alegria em nosso corpo.

Eles têm a forma de uma semente. Temos em nosso corpo três estruturas em forma de semente: os pés, os rins e as orelhas. E existe uma conexão entre eles. Os pés escutam a terra e nos enraízam na matéria. Os rins estão à escuta das nossas mensagens interiores – a Bíblia diz que Deus sonda os rins e o coração[10]. Os rins são um grande filtro que retira do sangue muitas impurezas e existem em nosso corpo coisas difíceis de serem assimiladas e filtradas. Quanto às orelhas, elas estão lá para aprender a escutar os dizeres, as informações que, a partir dessa semente, pode fazer

---

10. Apocalipse de São João, capítulo 2, versículo 23.

uma flor e dessa flor um fruto. Todas as partes de nós mesmos estão se tornando, estão vindo a ser.

Existem ainda muitos símbolos a lembrar sobre os pés. Na África, por exemplo, o pé é o ponto de apoio do corpo no mundo. É um símbolo de poder. Os bambaras[11] dizem que o pé é o primeiro sinal de que o embrião e o corpo brotam. O pé é o começo do corpo assim como a cabeça é o final. Se os pés, começo do corpo, são esquecidos ou maltratados, também a cabeça funcionará mal. Por outro lado, os pés são, também, o final do corpo porque o movimento começa e termina pelo pés. Os bambaras dizem que se temos bons pés, temos bons olhos e nesta sabedoria africana nos é lembrado que a cabeça nada é sem os pés. Da mesma forma os chineses postulam que a inteligência não está na cabeça mas nos grandes artelhos...

Estas são antropologias interessantes porque ser inteligente é estar em contato não somente com as ideias mas estar em contato com o real. Portanto, serão nossos pés inteligentes?

Poderíamos falar também das impressões deixadas pelos pés do Buda, um símbolo que encontramos em muitos templos. Na Ásia Oriental encontram-se numerosos *Budapadha* e *Visnupadha*. Da mesma maneira, na Capela d'Assunção, hoje uma pequena mesquita, existe a impressão dos pés do Cristo. Reza a tradição chinesa que o imortal Tao Tsu deixou traços de seus pés no Monte Taoin. E o profeta Maomé os deixou em Meca. São o traço de Deus em nossa humanidade.

Este é um tema que encontramos, portanto, em todas as tradições. Como se o céu tivesse um pé sobre a terra. O céu e a terra não estão separados. Se quisermos viver esta unidade entre o céu e a terra, entre a matéria e o espírito, precisamos cuidar de nossos

---

11. Segundo o Dicionário Aurélio, os bambaras são um grupo tribal mandinga, de cultura guineano-sudanesa islamizada.

pés. E cuidar dos pés dos outros. Por isso, amar alguém não é somente "segurar seu pé", mas é também cuidar dele.

A palavra pé, *podos* em grego, está estreitamente relacionada à palavra *paidos,* usada para significar criança. Assim, um pedagogo é um especialista que cuida dos pés do ser humano, desde que cuidar dos pés de alguém significa cuidar da criança que está nele. Perguntei a um sábio: "O que posso fazer para ajudar alguém?" Ele me respondeu: "Lembre-se de que esta pessoa foi uma criança, que esta pessoa é ainda uma criança. E que tem dor nos pés".

Creio que este ensinamento é precioso para nós porque é a base. O equilíbrio do corpo, o equilíbrio do nosso psiquismo, o equilíbrio de nossa vida espiritual depende, de uma certa maneira, deste enraizamento. De nossas raízes. E se as raízes são sadias, toda a árvore é sadia. Algumas vezes somos jardineiros, muito atentos à flor e ao fruto, mas esquecemos as raízes, esquecemos os pés. E, portanto, é por lá talvez que deveremos começar os nossos cuidados.

Sugestões para exercícios práticos

Passando aos exercícios práticos, há uma proposição de sentir nossos pés, tocá-los, acariciá-los. Observar como andamos. Alguns caminham como elefantes, outros como se estivessem pisando em ovos, alguns na ponta dos pés como se quisessem não ser notados. Mudar o nosso modo de caminhar, mudar o nosso modo de colocar o pé na terra, não é somente uma terapêutica psicossomática, mas pode ser um exercício espiritual. Trata-se de nos aceitarmos em nossa dimensão terrosa, adâmica, já que a palavra Adão quer dizer "a terra ocre".

Existe também um exercício que poderíamos fazer quando estamos em grupos de duas a quatro pessoas. Colocamos nossos pés contra os pés do outro, as plantas unidas, ao mesmo tempo em que respiramos. E observamos que as nossas respirações podem se comunicar e que o outro pode sentir meu sopro até o seu joelho. São fatos a observar. São jogos, exercícios familiares a alguns de vocês.

Para cada um de nós o importante é nos reerguermos mantendo os dois pés sobre a terra. Reencontrarmos este sentido de equilíbrio. Então, poderemos, talvez, cuidar em nós deste pé ferido de Édipo e do calcanhar vulnerável de Aquiles.

Eva foi mordida pela serpente, no calcanhar. Através desse símbolo, o prazer se tornou algo envenenado para nós. Reencontrar a inocência do prazer é um longo caminho, ao mesmo tempo físico, psicológico e espiritual.

E também podemos lavar os pés uns dos outros, como o Cristo fez. No Evangelho, este procedimento é, verdadeiramente, um exercício, um comando, uma ordem. Cristo nos ordena que lavemos os pés uns dos outros, quando Ele diz: "Se Eu, o Mestre e o Senhor, vos lavei os pés, também deveis lavar-vos os pés uns dos outros. Dei-vos o exemplo para que, como Eu vos fiz, também vós o façais"[12].

Comecem a prestar atenção ao caminhar de vocês, relacionando com tudo o que foi visto até agora. Desejo-lhes que, hoje, vocês passem uma boa noite na companhia de seus pés.

Perguntas e respostas

1. Fale mais um pouco sobre a relação entre os pés e os sapatos.

Jean-Yves Leloup: Conto-lhe uma pequena estória sobre *fetichismo*, que é um fenômeno patológico muito interessante. Conheci um homem casado que gostava muito de sapatos. E em sua relação de casal, preferia dormir com os sapatos de sua mulher do

---

12. Evangelho segundo São João, capítulo 13, versículos 14 e 15.

que com ela. O fantasma sexual do sapato tinha tomado o lugar da realidade, que era a pessoa de sua mulher. Para ele era muito doloroso constatar que tinha mais prazer com os sapatos do que com sua mulher.

2. Seria certo pensar que, pela opção que fazemos ao comprar um par de sapatos, às vezes estamos expressando o desejo de uma mudança de vida ou o desejo de manifestar, de uma outra maneira, o nosso modo de viver?

Jean-Yves Leloup: Agradeço-lhe sua pergunta porque, na abordagem que lhes propus, falta a dimensão sociológica. E os sapatos fazem parte de um elemento social importante, que é diferente para cada país.

Não farei esta abordagem, porque nela há muitas variações, muitas sutilezas. Se, por exemplo, eu creio no que diz meu filhinho, em termos de sapatos atualmente, a cultura geral é a do tênis Nike®...

Esta é uma questão importante porque, em certas culturas, a posição social de uma pessoa é julgada de acordo com os sapatos que ela calça. E sapatos sujos significam que a pessoa que os usa é, interiormente, suja. Não podemos fazer generalizações dessa ordem, mas esse assunto daria uma bela tese – a história dos sapatos através dos séculos.

3. Há alguma diferença entre os pés direito e esquerdo?

Jean-Yves Leloup: Olhem bem se vocês levantam com o pé direito ou com o pé esquerdo. Simbolicamente, vocês sabem, o lado direito representa a razão, a justiça, a racionalidade, o lado masculino do ser. E o lado esquerdo representa o lado feminino, o lado mais irracional do ser.

E quando falamos a expressão popular, "levantamos com o pé esquerdo", quer dizer, geralmente, que começamos o dia com um ato mais ou menos irracional. Que teremos dificuldade em nos equilibrarmos com o pé direito ou em uma atitude mais sensata. Esta expressão da sabedoria popular nos lembra o equilíbrio frágil no qual vivemos. Porque o pé direito e o pé esquerdo correspondem aos cérebros direito e esquerdo. E estar bem sobre os seus dois pés, ter uma boa estabilidade, é estar neste estado de equilíbrio tanto racional quanto intuitivo, masculino e feminino. Mas o que espero é que vocês tenham se levantado com o bom pé, seja ele direito ou esquerdo. Porque, afinal, ambos os pés são bons.

Na concepção acima colocada, podemos identificar a parte frágil e a parte forte do nosso ser, se direita ou esquerda. Esta observação pode nos trazer um ensinamento sobre o nosso lado paterno ou materno, mas não convém generalizar. Porque falaremos também do lado mãe quando nos referirmos ao ventre e aos seios e, do lado pai, quando nos referirmos à coluna vertebral.

Quando observamos o passado de pessoas com problemas de coluna frequentemente detectamos uma ausência da figura paterna, uma falta de estrutura. São fatos que identificamos, mas que não devem servir como rótulos. Simplesmente observarmos como se entendem, em nós, a direita e a esquerda, o pé direito e o pé esquerdo. Se caímos sempre do mesmo lado não é sempre por acaso. Prestemos atenção a isso. E se nossos pais viveram dificuldades juntos, temos que viver este casamento em nosso próprio corpo, este casamento por vezes difícil da direita com a esquerda, da frente com as costas, do hemisfério direito com o hemisfério esquerdo do nosso cérebro. E tudo isto a partir da observação do pé [...].

4. Podemos observar o fenômeno interessante das cócegas. Nós as temos nos lugares mais vitais, os quais precisam ser protegidos dos inimigos: nas axilas, no pescoço e também nos pés. E provocam o riso tão típico do ser humano. Qual o seu comentário a respeito?

Jean-Yves Leloup: É uma imagem muito bela, porque conheço pessoas nas quais as cócegas nos pés não fazem rir. Para estas sentirem cócegas é uma verdadeira tortura. Novamente, a questão é de equilíbrio. Alguns não cessam de pedir que lhes cocem, acariciem ou beijem os pés. E outros não aceitam sequer o toque.

A relação que você estabelece é muito bonita quando diz que o riso é próprio e particular do ser humano. Este riso, este prazer de viver depende da saúde dos nossos pés. E, mais profundamente, depende do desejo no qual fomos concebidos e chamados ao mundo. É muito difícil alguém rir e ter prazer de viver se não foi desejado, se não foi esperado. É preciso muito tempo de nutrição e de aprendizagem para deixar que o ser amado acaricie nossos pés dando-nos, de novo, o gosto de viver.

O contato com os pés é importante nos agonizantes. Um belo presente que se pode dar a uma pessoa que está morrendo é o de acariciar e tocar seus pés. Porque, no último instante de sua existência, a pessoa vive momentos de regressão e reencontra a criança que está nela. Algumas vezes, é imediatamente antes de morrer que a criança ferida pode ser curada em nós mesmos. Este tema é muito belo para a meditação e para a prática.

Os tornozelos

Continuemos nossa exploração, nossa escuta do corpo, estudando os tornozelos.

O tornozelo é importante por ser a primeira articulação e todas as demais articulações são importantes porque delas depende a harmonia e a livre circulação da energia entre as diferentes partes do nosso corpo. Assim, devemos dar uma atenção particular a todas elas: tornozelos, joelhos, coxo-femurais, punhos, cotovelos, etc.

Anamnese física e psicológica

Em um primeiro momento de anamnese física, lembraremos se esta articulação esteve sempre bem ou mal, em sua rigidez ou flexibilidade, e se teve entorses frequentes. Como ocorreram as entorses? Estaremos atentos a estes acontecimentos que marcaram e se inscreveram nesta parte do nosso corpo. É como se fizéssemos uma espécie de diagnóstico, a partir de todos os acontecimentos que marcaram o tornozelo.

Após a anamnese física, podemos entrar na anamnese psicológica, lembrando, rememorando, o momento do nascimento. Porque este momento é também um momento de articulação. Articulação entre a vida intrauterina e a vida extrauterina. Às vezes, temos memórias difíceis. Alguns de nós conheceram dificuldades neste elo que une a vida fetal com a vida no espaço-tempo, no mundo exterior. E nosso corpo guardou a memória desta dificuldade deixando uma fragilidade na articulação do tornozelo.

Falamos anteriormente da pessoa que não foi desejada, que não foi esperada. Neste caso, ela consegue se manter de pé, mas terá dificuldades em dar um passo a mais, em avançar, em andar. Consideramos espiritualidade aquela do peregrino de São Tiago de Compostela e que consiste em dar um passo a mais. No lugar onde estamos, pouco importa se seguimos ou não adiante, não temos que julgar. O essencial é darmos um passo a mais. Assim, algumas pessoas que julgamos espiritualizadas podem não ter caminhado muito. E outras, que julgamos não espiritualizadas, deram muitos passos.

Portanto, *dar um passo a mais*. Ir além dos nossos limites. Ir além do Ego.

Algumas vezes este medo de dar um passo a mais tem suas raízes na hora do nascimento. É que este passo a mais, este passo adiante para sair do útero, foi difícil e traumático. Neste caso, a anamnese psicológica deverá ser aprofundada.

Anamnese espiritual

Na anamnese espiritual, podemos evocar agora a simbologia do tornozelo. Entre os chineses, a finura do tornozelo simboliza o refinamento na vida e, também, nas relações íntimas e sexuais.

O tornozelo, além de ser uma articulação do nosso corpo, simboliza nossa articulação com o outro e também com o todo-outro.

Nas mitologias grega e romana o tornozelo é o ponto onde as asas se prendem. Já falamos dos pés alados de Hermes, dos pés alados de Mercúrio, que simbolizam a articulação da terra com o céu. A articulação do nosso ser material com o nosso ser espiritual. Um símbolo de elevação e de sublimação. Mas, por vezes, as asas não podem ser enxertadas em nossos pés porque temos os tornozelos inchados e doentes.

O mito de Édipo

Falaremos de Édipo, que tem os pés doentes, os tornozelos inchados. Alguns dizem que seus tornozelos são furados. Este mito é bem-conhecido e interpretado no mundo da psicanálise e proporemos aqui outras interpretações possíveis. Mas em qualquer interpretação proposta, trata-se sobretudo de cuidar dos nossos pés, dos nossos tornozelos, para que eles possam reencontrar suas asas. Poderemos, então, caminhar sobre a terra com os pés leves, com os pés alados.

Conto-lhes o mito de Édipo em sua inteireza[13], porque Freud detém-se apenas em algumas etapas desta história.

Édipo é filho de Jocasta e de Laio, rei de Tebas. A palavra Laio quer dizer canhoto. Édipo é neto de Labdacos que significa coxo. E Labdacos é neto de Cadmo, fundador da cidade de Tebas, cidade santa dos gregos.

Laio e Jocasta são um casal estéril, não podem ter filhos. Por isso vão em peregrinação a Delfos, consultar o oráculo de Apolo. Também nós, quando não compreendemos o que nos acontece, procuramos um intermediário que possa dar sentido à nossa existência.

O oráculo dá a Laio e a Jocasta o sentido de sua esterilidade. Diz-lhes que terão um filho. Que este filho matará seu pai e desposará sua mãe. O oráculo de Delfos será um terapeuta para eles. É esta parte do mito que conhecemos melhor.

---

13. Para melhor adequação do mito de Édipo, consultamos:
– SÓFOCLES: *Édipo Rei*. Coleção Teatro Vivo. [s.l.]: Abril Cultural, 1976.
– SCHWAB, Gustav: *As Mais Belas Histórias da Antiguidade Clássica*. 3. ed. Editora Paz e Terra, 1996.
– SOUZENELLE, Anick: *O Simbolismo do Corpo*. [s.l.]: Ed. Pensamento, 1995.

Algum tempo depois de sua volta, Jocasta dá à luz a um menino. Logo após seu nascimento, Laio lembra com horror da profecia e quer afastar seu filho para que o terrível destino não se cumpra. Entrega-o a um pastor que perfura seus pés e o suspende pelos calcanhares em um arbusto da floresta, exposto aos animais selvagens.

A criança é recolhida por pastores de Corinto, que tiveram compaixão dele e de sua ferida nos pés. Chamaram-no Édipo, *que significa "o de pés inchados". Confiam Édipo ao rei e à rainha de Corinto. Adotado pelos soberanos, cresce e vive com eles até o dia em que sente não pertencer à mesma raça. Sai então de Corinto em busca do segredo de seu nascimento, em busca de suas raízes.*

Sempre este mesmo questionamento. De onde eu venho? Quais são minhas raízes? Quem são meus pais verdadeiros? Qual é o segredo do meu nascimento?

E Édipo vai, também, partir para Delfos. Vai interrogar o seu inconsciente. Vai pedir uma informação, uma palavra sobre o seu segredo. Vai escutar o oráculo e o seu destino. O oráculo lhe diz que ele matará seu pai e casará com sua mãe. Édipo se desespera, pois os pais que conhece são os reis de Corinto. Temendo a realização da profecia, não volta mais àquela cidade.

Édipo recusa a previsão, recusa o seu destino. E, recusando o seu destino, ele o cumpre. Para nós, esta é uma informação importante. Quando recusamos nosso destino, nosso código genético, o programa que está inscrito em nossos genes e em nossas células, ao invés de evitarmos o destino, ativamos a sua realização. Veremos, dentro em pouco, que uma etapa importante no caminho iniciático de Édipo é a *aceitação de seu nascimento*. É a aceitação do programa, do destino que lhe foi traçado.

Mas, neste momento, Édipo recusa e foge. Sem saber, ele toma a estrada que vai a Tebas. Tebas está sendo devastada por um monstro que, sobre um rochedo, guarda suas portas. O monstro devora as pessoas que se apresentam e não respondem ao enigma que ele lhes propõe.

Este monstro é a famosa Esfinge, masculina-feminina, da qual nos fala frequentemente Pierre Weil. Na história de Édipo, trata-se de um monstro que devora.

Laio, rei de Tebas e pai verdadeiro de Édipo, dirige-se a Delfos para consultar o oráculo de Apolo e compreender o que está acontecendo à sua cidade. Neste momento, Édipo se aproxima de Tebas. Os dois se cruzam em um caminho estreito e profundo, entre montanhas. Fugindo um do outro, acabam por se encontrar. O carro do rei esmaga o pé de Édipo (novamente o pé) que, furioso, volta-se contra o cocheiro e seu senhor e mata a ambos. Assim, Édipo mata seu pai.

Édipo continua seu caminho sem saber que uma parte do seu destino se cumpriu. Ele matou seu pai. Chegando à cidade de Tebas, tem conhecimento de que o rei está morto e que a rainha Jocasta promete sua mão e sua coroa a quem livrar Tebas do monstro. Édipo vai enfrentar a Esfinge, que é um tetramorfo com os pés de touro, o corpo de leão, as asas de águia e um rosto andrógino.

Em algumas catedrais romanas, representa-se frequentemente o Cristo cercado por um tetramorfo. O *touro* representa o evangelista Lucas e também o enraizamento na terra. O ensinamento de Cristo propagado por toda a terra. O *leão* representa o evangelista Marcos e no seu Evangelho há fogo, paixão e muitos exorcismos de demônio. Ao lado da terra há estes símbolos do fogo e do leão. O evangelista Mateus está representado por um *andrógino*, homem-mulher. Vale ressaltar que o Evangelho de Mateus relata muitas discussões entre Jesus e os rabinos de sua época, com toda uma dimensão racional, portanto. O quarto elemento do tetramorfo, a *águia*, representa o evangelista João. E o Evangelho de João é um convite à contemplação e à vida mística. No meio do tetramorfo situa-se o Cristo, como a quintessência.

Se os primeiros cristãos escolheram estes quatro Evangelhos entre 70 ou mais que existiam, é porque eles tinham uma função de integração. Talvez tenhamos perdido este sentido, esta função de integração dos quatro Evangelhos. É por isso que hoje, para conhecer Aquele que está no centro, talvez tenhamos necessidade de sete Evangelhos, adicionando aos quatro primeiros, os Evangelhos de Tomé, Felipe e Maria Madalena. Assim a visão do Cristo será para nós mais profunda e mais ampla. Não é por acaso que estes três últimos Evangelhos foram recentemente descobertos.

Fizemos um parêntesis para lembrar que a Esfinge é, também, encontrada na tradição cristã, sob a forma de tetramorfo. Esta Esfinge que Édipo deve enfrentar é o *nosso trabalho de integração, a integração dos quatro elementos: a razão, o sentimento, a intuição e a sensação.* É um tema junguiano que vocês conhecem bem.

A Esfinge propõe a Édipo o enigma: "Qual é o animal que pela manhã tem quatro pernas, ao meio-dia tem duas e ao entardecer tem três?" "É o homem", responde Édipo, "que na infância se arrasta sobre pés e mãos, na idade adulta anda sobre suas duas pernas e na velhice recorre ao auxílio de um cajado que lhe serve de terceira perna".

Costumamos fazer esta mesma pergunta a nossos filhos e todos nós também conhecemos a resposta. Mas a resposta, no mito, é todo um caminho de transformação porque, se a questão é: "O que é o homem?", a resposta é: "É o tornar-se este homem".

Na simbologia temos o *quatro*, que é um símbolo da unidade animal, da unidade indiferenciada. É preciso passar em seguida para o *dois*, a dualidade, experienciar a diferenciação antes de chegar ao *três*, às três pernas que simbolizam a unidade diferenciada.

E Édipo responde assim a esta questão. Ele sabe que a resposta está nele mesmo. Que o homem tem esta capacidade de encontrar-se e de tornar-se. Neste momento, a Esfinge passa seu poder a Édipo e, tomada de vergonha e desespero, atira-se do alto do rochedo. Édipo entra em Tebas e desposa a Rainha Jocasta. Novamente o destino se cumpre e Édipo desposa sua mãe. Da sua união com Jocasta nascem quatro filhos: os gêmeos Etéocles e Polinice e as filhas Antígona e Ismênia.

Édipo é um rei bom e justo, amado de seu povo. Tempos depois, uma epidemia se abate sobre a cidade e nada há que a detenha. A população de Tebas diminui e torna-se estéril. O rei de Tebas quer saber a causa da infelicidade que atinge o seu povo. Consulta o sábio Tirésias, que é um homem cego mas dotado de grande visão interior. Tirésias revela-lhe a verdade. Diz-lhe que seu pai era o rei de Tebas que ele encontrou e matou naquele caminho estreito. E que a rainha Jocasta é sua mãe.

Jocasta, tomada de desespero, se enforca. Édipo, após ver a terrível cena, vaza seus próprios olhos. Ele deseja entrar em uma outra visão, adquirir uma nova lucidez. Com o auxílio de Antígona, sua filha mais velha, vai a Delfos encontrar o oráculo de Apolo. Este lhe diz que os deuses reconheceram que ele pecara contra sua vontade e que, depois de muito tempo, quando chegasse à terra do seu destino, encontraria um refúgio junto às Eumênides e seria absolvido. Assim, Édipo deixa Tebas, seu trono, seu país e é guiado em seu caminho por Antígona. Começa, para ele, a viagem noturna em direção à Ática.

Enquanto isso, Etéocles e Polinice dividem o trono, lutam entre si e se matam. Édipo e Antígona chegam ao santuário das Eríneas, em Colona. As Eríneas são deusas com cabelos de serpente e guardiães dos infernos. Estas mesmas deusas, se não nos causam medo, são chamadas Eumênides. Elas são a mesma realidade com dois no-mes diferentes, segundo a nossa reação. A repulsa pelo inferno e a atração pelo paraíso. Édipo reconhece que alcançou o seu objetivo e que seu fim está próximo. O rei dessa região é o grande herói Teseu.

Édipo passa além da repulsa e da atração, além das Eríneas e das Eumênides. Acompanhado por Teseu e caminhando ereto, como se enxergasse, Édipo atravessa aquela região sagrada até chegar a uma grande rachadura na terra, fechada por uma porta de bronze. Lava-se de toda a sujeira, do pó dos caminhos e veste uma roupa bordada. Neste momento, sob o profundo silêncio da natureza, Édipo é intro-duzido na morada de Deus. Ele não é apenas um rei terrestre, mas entra no reino do Espírito, no reino do Ser em si mesmo.

Este é o mito tal qual nos contam. Esta história pode nos parecer muito longínqua. Podemos repassá-la a nossos filhos ou podemos contá-la para nós mesmos. É uma história dramática da qual Sófocles (496-406 a.C.) escreveu uma bela tragédia cha-mada Édipo-Rei.

A psicanálise se interessou por todos estes mitos porque cada um dos heróis e personagens representa estados de consciência. Vocês conhecem a interpretação universal de Freud para o mito de Édipo, na qual toda criança é atraída pelo sexo oposto. O menino, por exemplo, deseja casar com sua mãe e matar seu pai. Deseja matar o que faz obstáculo à sua união com a mãe.

A leitura freudiana do mito de Édipo foi muito contestada por mitólogos e etnólogos, entre eles Lévi-Strauss[14]. Porque este mito não funciona da mesma maneira em todas as culturas e há outros modos de interpretá-lo.

---

14. Claude Lévi-Strauss, antropólogo e etnólogo belga, foi professor na França, Estados Unidos e também ensinou sociologia na USP, São Paulo. Escreveu vários livros sobre mitologia.

Uma releitura do mito de Édipo

Proponho-lhes uma releitura do mito de Édipo, mais junguiana e transpessoal, que veja em Édipo o herói ao mesmo tempo infeliz e corajoso que, por meio das provações, torna-se o verdadeiro rei de si mesmo. Acrescentamos o mito do velho rei que é preciso matar a fim de que o jovem rei, o filho de Deus, possa nascer. É todo um caminho de vida, de transformação.

O *primeiro passo*, a primeira articulação, *é aceitar a programação que nos foi dada por ocasião do nosso nascimento*. Aceitar nosso código genético, nossa herança. Conhecer nosso programa, o programa de nossa existência. E, diante desse programa, diante dessa herança, podemos fugir, recusar e podemos nos submeter e aceitar. Porque aceitar é mais que se submeter. E, finalmente, podemos *escolhê-lo*.

O caminho de Édipo é a passagem de uma vida submissa a uma vida escolhida. Então, o primeiro passo é dizer sim ao seu não. Dizer sim ao seu nome. Dizer sim ao seu medo. Dizer sim ao seu desejo de fugir. Dizer sim à recusa do seu destino. Dizer sim à sua negação. E então descobrir o seu nome verdadeiro.

"O homem se afirma à medida que se opõe", diz Hegel. Ele afirma a sua identidade, opondo-se inicialmente a ela. Esta é a primeira etapa de Édipo – o momento em que ele, de certo modo, é obrigado a aceitar o seu destino, seu código genético, seu futuro.

A segunda etapa é matar seu pai. Na visão junguiana, a sombra que cada um traz em si mesmo é de sexo igual ao seu. A sombra, para uma mulher, é sua mãe e a sombra, para um homem, é seu pai. Quer dizer que para encontrar o outro e o outro sexo, com alteridade em verdade, temos que fazer a travessia da imagem inconsciente do homem ou da mulher de mesmo sexo que o nosso. O assassinato do pai simboliza aqui a possibilidade de ultrapassar a imagem do homem ou da mulher que temos dentro de nós, a sombra inconsciente que, por vezes, impede-nos de encontrar a alteridade do outro. Matamos o igual para podermos encontrar o outro. Matar, neste caso, tem o sentido de transformar.

A *terceira etapa é desposar a mãe*. É compreender que esta diferenciação não é uma separação, mas uma aliança. Trata-se de esposar sua origem e reconciliar-se com ela, indo além das imagens mais ou menos aterrorizantes que temos dessa origem. Esposar sua mãe é esposar suas raízes. É esposar sua terra, é ter a humildade de esposar seu húmus.

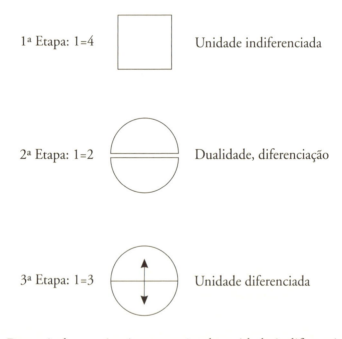

Resumindo, a primeira etapa é a da unidade indiferenciada. É a unidade do animal com a natureza e o meio ambiente. A segunda etapa é a etapa da dualidade, da diferenciação. Neste 1 = 2 vocês encontram o processo de individuação da psicologia junguiana. A terceira etapa é a da aliança, que é a unidade diferenciada. Então temos que estabelecer o elo e ligar na primeira etapa, desligar na segunda etapa, destacar e aliar na terceira etapa. Observem o desenho anterior e creio que compreenderão melhor.

Passamos então à *quarta etapa* que é *responder à Esfinge*. E a resposta que Édipo dá à Esfinge é que o homem é este caminho que passa da unidade indiferenciada, por meio do conflito, por meio da dualidade. O caminho feito com estas pernas que andam com dois pés, antes de caminhar com três pés. É semelhante à história de um amor, no qual, no início, andamos bastante com quatro patas em um estado de fusão, de mistura. Em seguida, como casal, andamos com dois pés e cada um de nós é ele mesmo. Frequentemente há oposição e conflito, pois cada um quer se afirmar em sua diferença. Finalmente há a terceira etapa do amor, quando caminhamos com três pés. Porque descobrimos que o amor é o terceiro entre nós. E que este amor não depende de mim nem de você. Mas é uma presença, um cajado, um elo entre nós.

Portanto, esta é a quarta etapa no caminho de Édipo, que ultrapassa aquelas etapas definidas por Freud. Não se trata somente de matar seu pai e desposar sua mãe. A motivação profunda de nossa existência não é somente a pulsão sexual que experimentamos quando criancinhas em relação ao nosso pai e à nossa mãe. Ultrapassamos estas etapas e vamos em direção a esta individuação, a este tornar-se.

Chegamos à *quinta etapa*, encontrando Tirésias, o sábio cego. É quando Édipo entra em um momento muito importante de sua existência, o *estado da maturidade e da lucidez*. Ele viveu o seu destino. Ele viveu o programa natural que estava inscrito nele e aceitou que este programa fosse dramático.

Agora, ele pode vazar seus olhos. Pode abrir seus olhos a um outro olhar. Pode abrir em si mesmo um olhar interior e não julgar sua vida somente a partir de um olhar exterior. Pode colocar sobre os acontecimentos um olhar que vem de uma outra luz. Uma luz que brilha mesmo dentro da noite.

E, então, chegamos à *sexta etapa* que é este caminho noturno onde Édipo será guiado por Antígona. Antígona, neste contexto, representa a *Anima* e a intuição. A partir de agora ele não procura mais explicar sua vida, justificar sua vida. Segue somente, minuto após minuto, um passo atrás do outro, uma vez que não pode enxergar o exterior. Édipo vê com seus pés. Estes se tornam videntes e ele se *deixa guiar pela intuição*. Em nossa vida, esta é uma etapa importante a conhecer.

Neste momento, paramos de dar explicações sobre nossos atos, sobre o que nós fazemos. Paramos de nos justificar. Mas, um passo após o outro, mesmo se não somos compreendidos, continuamos nosso caminho, fiéis à nossa visão interior, à nossa intuição profunda.

Na *sétima etapa,* Édipo vai ao encontro das Eríneas e Eumênides, aquelas deusas que simbolizam o inferno e o paraíso. São dois estados de consciência, uma consciência beatífica, bem-aventurada, que se chama paraíso, e uma consciência fechada, limitada, que se chama inferno, confinamento. Édipo vai passar além da atração e da repulsão. Não procura mais um estado de consciência pessoal, bem-aventurado. Torna-se livre em relação ao bem e à felicidade e, ao mesmo tempo, não tem mais medo do juízo, do julgamento. Ele *ultrapassa o bem e o mal.*

Édipo vai além do que se chama paraíso e inferno. Não procura mais um estado de consciência pessoal. Entra no reino do real. E esta é a *oitava etapa.* O mito nos conta que, depois desta passagem para além da atração e da repulsão, Édipo *entra no Reino de Deus* que é o reino do coração e da inteligência apaziguada. *Entra no reino do Self,* onde o Ego ultrapassou todas as etapas, por vezes dolorosas, para tornar-se ele mesmo, para tornar-se capaz de encontrar o outro em sua alteridade. Édipo abriu-se a uma outra visão. Para tornar-se livre, abriu-se ao transpessoal e passou para além das atrações que os amigos do transpessoal buscam, algumas vezes.

O caminho de Édipo é, verdadeiramente, o caminho da liberdade total. E esta liberdade total é marcada pela presença do reino. Pelo reino de espírito dentro dele. Assim, Édipo segue o caminho que vai dos pés inchados aos pés alados. De igual modo, partimos de nossos pés pesados, pesados de memória, como se tivéssemos um fardo de memórias para carregar conosco. Alguns de nós sentem, ainda, que este fardo de memórias lhes entrava a marcha e lhes impede o caminhar. Neste ponto, existem separações e transformações a viver, para que nossos pés se tornem livres e para que encontremos nossas asas. Para que, como seres humanos, reencontremos nossa dimensão divina.

Esta oitava etapa tem talvez uma interpretação diferente daquelas que vocês conheceram ou escutaram, mas ela respeita bem o desenvolvimento da história sobre o mito de Édipo, do início ao fim. Na maioria das vezes, interpretamos uma única parte deste mito. Esquecemos Tirésias, esquecemos esta passagem para além dos estados de consciência, felizes ou infelizes. Não seguimos Édipo como herói, mas o Ego em marcha para o reino do Self.

Perguntas e respostas

1. Com poucas mudanças, sua descrição a respeito do mito de Édipo corresponde à jornada do herói de Campbell[15], a jornada de todos nós, como heróis de nossa própria vida, rumo à individuação.

Jean-Yves Leloup: É preciso guardar esta reflexão como uma pergunta a nós mesmos. Porque o grande passo do herói, qualquer que seja sua etapa, é de saber dizer sim àquilo que ele é, quer isto seja agradável ou desagradável. É a condição para ir mais longe.

---

15. Joseph Campbell, mitólogo, descreve em seu livro *O herói das mil faces*, os três estágios da jornada do herói ou heroína rumo à individuação: separação, iniciação e retorno.

2. Sempre entendi este mito com muita simplicidade. Gostaria que você me esclarecesse sobre o momento em que o herói vaza os olhos e se dá conta do equívoco que ele cometeu em sua vida, cumprindo o seu destino. Considerava como uma punição aquele momento em que ele se torna cego. Uma frustração muito grande, um sentimento de desastre em sua vida. E você, ao interpretar, diz que ele faz a opção por uma nova visão, uma visão interior. Ele vaza seus olhos para ver com os olhos internos, como se fosse um ato sem culpa. Na minha visão, pensava que ele estava se punindo por alguma coisa. Um pouco como este processo bem conhecido por nós, de crescermos por meio da dor. Gostaria que você me falasse um pouco mais sobre esta passagem porque vejo nela uma interpretação diferente da que eu sempre tive.

Jean-Yves Leloup: Agradeço sua colocação, a qual é muito importante. Na interpretação corrente sentimo-nos culpados, esquecemos Tirésias. Esquecemos que Édipo torna-se semelhante a Tirésias, torna-se sábio como Tirésias. O que Édipo arranca e esvazia é a sua própria culpa. Isso é muito importante, porque há um momento em nossa vida em que, se nós queremos ter acesso a esta sabedoria de Tirésias, devemos nos livrar da culpa, quaisquer que tenham sido as ações que tenhamos realizado. Porque não somos nosso próprio juiz.

Reencontramos este tema em uma das epístolas de São Paulo[16], quando ele diz: "Não me julgo a mim mesmo. Verdade é que minha consciência de nada me acusa mas nem por isso estou justificado. Um outro, maior que eu, o Senhor, é meu juiz". Não podemos saber se nossos atos são totalmente bons ou totalmente maus. Em nosso destino, alguma coisa nos escapa. Mas chega o momento da maturidade e lucidez e, nesta lucidez, pode haver horror e culpa. Só que não paramos mais neste horror e nesta culpa.

---

16. Primeira Epístola de São Paulo aos Coríntios, capítulo 4, versículos 3 e 4.

Por isso é uma etapa importante vazar seus olhos e entrar em um olhar maior, que é a sabedoria além do bem e do mal, além dos contrários. Você mostrou muito bem que, o que temos a afrontar neste momento é a culpa. Isto não quer dizer que Édipo se torna irresponsável. Ele não diz: "O que eu fiz é o que teria de ser feito. Está bem assim!" Mas mostra pelo seu comportamento e pelo itinerário de sua viagem que não se fecha na culpa. Não se fecha em seu carma. É um comportamento que se encontra em outras tradições.

Não podemos nos fechar nas consequências negativas de nossos atos, porque então não podemos mais avançar. Édipo não para aí e isto supõe que ele entre em um novo olhar. Isto supõe que ele seja capaz de sair da culpa, de perdoar seu destino. Assim, ele pode continuar o caminho para o Self.

Os joelhos

Anamnese física

Estamos diante de outra articulação. Façamos a anamnese, a observação física dos nossos joelhos, em todas as suas faces: externa, interna, frente, costas. Verifiquemos se seu toque é prazeroso ou não. Lembremos se ele funciona bem ou mal, se é comumente doloroso, flexível ou rígido.

Alguém que tenha os joelhos rígidos pode ter, em consequência, problemas em sua coluna vertebral e em seus rins[17]. As pessoas da área de saúde, que trabalham em hospitais, sabem que nunca devem levantar ou carregar alguém nos braços, tendo os joelhos rígidos. Do mesmo modo, quando carregamos um peso muito grande, as consequências se farão diretamente sobre nossos rins, sobre nossa coluna lombar.

Do ponto de vista psíquico, é muito comum dizermos que ficamos com os joelhos "bambos", ou moles, quando recebemos uma notícia inusitada. É preciso então que tenhamos os joelhos flexíveis, pois caso contrário esta notícia pode nos esmagar.

Anamnese psicológica

A segunda etapa é a de lembrarmos dos momentos em que estivemos sobre os joelhos de alguém. Esses momentos podem

---

17. Tanto em francês como em português a palavra "rins" ao plural pode ser traduzida por região lombar. Ex: A citação da Bíblia "Estejam cingidos vossos rins..."

ter ocorrido há muito tempo ou recentemente. Foram eles agradáveis ou desagradáveis? Por outro lado, amamos ter alguém sobre os joelhos? Este gesto de intimidade nos é familiar? Ou, ao contrário, é um gesto estranho que não faz parte dos nossos hábitos?

Sintamos todas as memórias que estão impressas em nossos joelhos. E particularmente, é claro, nossas relações com nossos pais. Se tínhamos mais prazer ao sentarmos no colo de nosso pai ou de nossa mãe, de um amigo ou de um tio. Alguns jamais foram colocados sobre os joelhos, jamais foram colocados no colo.

Então poderemos colocar os joelhos em relação com o peito, com os seios. Esta região tão importante do nosso corpo nos é agradável ou desagradável? Que relação temos com nosso peito? Estabelecemos uma relação com a fase oral, deste período em que a criança está sobre os joelhos de seu pai, de sua mãe, de um amigo.

Assim, ao mesmo tempo em que fazemos a anamnese dos joelhos, fazemos a anamnese das lembranças ligadas à nossa boca, à nossa oralidade. Vocês podem observar que algumas pessoas comem como se mamassem e que outras se mostram mais vorazes. E observar, inclusive, os problemas patológicos de bulimia[18] e de anorexia.

A bulimia é um sofrimento real e que nem sempre é levado a sério. Ela expressa uma falta profunda, um vazio profundo que procura ser preenchido pelo excesso de alimento. Em alguns casos, faltou o seio da mãe ou não são boas as memórias do período de desmame e da relação com o seio materno. A vida adulta

---

18. A palavra bulimia deriva do grego e significa "comer um boi". É um distúrbio do comportamento caracterizado pelo ciclo: alimentação excessiva culpa purgação com laxativos, diuréticos ou indução do vômito.

guarda as impressões deste momento da nossa existência porque a criança sempre está presente em algum lugar de nós mesmos.

Da mesma maneira é a dificuldade que podemos ter em beijar ou em sermos beijados por alguém. Observemos todas estas memórias, todo este passado que vem deslizando até o presente e que, às vezes, impede-nos de viver este presente, feliz e simplesmente.

Simbolismo dos joelhos

Após termos feito uma anamnese física e psicológica, entraremos em outra abordagem dos joelhos, uma abordagem mais simbólica.

Há tempos atrás, Leonardo Boff e eu contamos a vocês uma história zen que dizia: "Se vocês encontrarem um Buda, matem-no para não fazer dele um modelo que lhes impeça de serem vocês mesmos". Talvez não seja preciso apressarmo-nos em matá-lo, porque temos muita necessidade de modelos [...]. Mas chega um momento em que nossa imagem de perfeição torna-se um obstáculo à nossa própria perfeição.

Se vocês encontrarem o Cristo, não creio que seja preciso matá-lo, mesmo porque isto já foi feito. Se vocês encontrarem o Cristo, comam-no. É Ele mesmo quem o propõe. E notem que Ele cuida dos pés de seus discípulos da mesma maneira como cuida de sua oralidade, convidando-os a comer e a beber: comer o pão e beber o vinho. O pão simboliza a *práxis,* a própria ação do Cristo. O vinho simboliza a contemplação, a *gnose,* o conhecimento e a intimidade que Ele tinha com o Pai. E quando o Cristo nos diz para comê-lo: "Tomai e comei, isto é o meu corpo. Bebei dele todos, pois isto é o cálice do meu sangue [...]"[19], pede-nos que paremos de considerá-lo um ser exterior para que

---

19. Mateus, capítulo 26, versículos 26-28.

se torne a nossa própria vida. Nossa ação e nossa contemplação. Que nos tornemos filhos, como Ele próprio é Filho.

Em algumas línguas, estranhamente, há uma ligação entre a palavra filho e a palavra joelho. Em francês, por exemplo, a palavra *genou*, joelho, tem a mesma raiz da palavra *générer,* gerar. Em hebraico, a palavra joelho se diz *berekh* e também *bar* e *bèn* que significam filho. Assim, na simbologia do Evangelho que acabamos de evocar, comer o pão e beber o vinho, participar da ação e da contemplação do Cristo, interiorizar as informações que Ele nos comunicou para encarná-las, é tornar-se filho. É permanecer sobre os joelhos do Pai. Há esta relação, esta ressonância.

E a palavra filho, em hebraico, tem o mesmo valor numérico da palavra joelho. Na cabala, a soma das letras das palavras *bèn* e *berekh* é a mesma – 702. Estas duas palavras evocam, igualmente, a palavra *Baroukh*[20], que quer dizer "o abençoado". Reencontramos a expressão popular islâmica *Baraka*, que quer dizer a força, a energia, a bênção.

Assim, ser filho, ser filha, é estar no colo, sobre os joelhos. E, de uma certa maneira, o menino ou a menina que não tiveram colo também não tiveram esta bênção, esta *baraka*, que lhes é comunicada pelo pai ou pela mãe. Esta força, esta energia de viver, talvez eles possam encontrá-la sobre os joelhos de uma outra pessoa. E nós, também, podemos dar colo para uma outra pessoa. Temos necessidade de dar e receber esta confirmação afetiva. É claro, se você é um terapeuta, não é necessário colocar no colo seus pacientes!...

O nome Pitágoras, por exemplo, significa "o mestre dos joelhos de ouro". E em certos rituais iniciáticos, o aspirante a um novo nascimento se apresentava com os joelhos descobertos. To-

---

20. Baroukh ou Baruc, era discípulo e secretário do Profeta Jeremias.

car com a mão o joelho de alguém ou sentar um discípulo sobre os joelhos tinha, em certos rituais, uma função iniciática.

Encontramos, na tradição bíblica, este tema dos joelhos no Primeiro Livro dos Reis[21], quando Elias sobe na parte mais alta do Monte Carmelo. Ele se inclina profundamente, coloca o rosto entre seus joelhos e pede chuva para a terra. Porque a terra se tornou seca de tanto sol. E as plantas e a vida estavam a ponto de serem destruídas. É a primeira postura de prece que se encontra nos escritos hebraicos. Então, colocar a cabeça entre os joelhos é pedir uma bênção. É pedir ao céu que desça à terra.

Inclinado sobre a terra, a fronte entre os joelhos [...]. Algumas vezes em nossa vida, este gesto pode nos ajudar. Quando não temos palavras ou frases para rezar, para dizer de nossa angústia, de nossa secura. Colocar a cabeça entre os joelhos é uma forma de pedir bênção ao céu. É voltar a ser o filho e a filha, bem-amados de Deus.

Na África denomina-se o joelho "o nó do cajado da cabeça". Os joelhos são o cajado do poder, a sede do poder político. Quando o chefe de uma tribo mostra seus joelhos está mostrando seu poder. Ele lembra à comunidade que a carrega sobre seus joelhos. Não sei se um dia nossos homens políticos levantarão suas calças, não somente para nos mostrar suas pernas ou seus joelhos, mas para nos dizer que nos carregam, realmente, em seu colo. Para nos dizer que cuidam do povo e que tratam cada homem e cada mulher como tratam seus próprios filhos. Por trás deste gesto simbólico há toda uma sabedoria a redescobrir, sem cessar.

Há também esta expressão "dobrar os joelhos". Na Idade Média, antes de ir às Cruzadas em busca do Santo Graal ou às aventuras heroicas, o jovem punha os joelhos sobre a terra para lembrar seu contato com ela, sua humildade. E deitava a cabeça sobre os joelhos de seu mestre e senhor que, para sagrá-lo cavaleiro, colocava a espada sobre sua cabeça.

---

21. Primeiro Livro dos Reis, capítulo 18, versículos 42-46.

Na expressão "obrigar alguém a dobrar os joelhos", há uma relação de dominação que é o contrário do poder, que é o contrário da verdadeira autoridade. O verdadeiro poder, a verdadeira autoridade é mostrar seus próprios joelhos, inclinar-se sobre eles e não forçar alguém a dobrar seus joelhos, se ele não deseja fazê-lo. Isso seria um ato de dominação e de violência.

Plínio, o Ancião, na tradição romana, assinalava o caráter religioso dos joelhos. Nesta época, tocar os joelhos de alguém significava pedir-lhe proteção. Pedir-lhe para ser adotado como seu filho ou como sua filha.

Portanto, o joelho é um lugar de nós mesmos que podemos escutar em diferentes níveis. Mas na anamnese essencial, além das memórias dolorosas ou traumatizantes que podemos ter sentido em nosso corpo físico e psicológico, podemos nos lembrar da força, do poder e da bênção que nos chegaram através dos joelhos.

Perguntas e respostas

1. Nos rituais dos templos as pessoas rezam de joelhos. Seria essa uma atitude de humildade ou uma atitude de submissão?

Jean-Yves Leloup: Como lhes falei anteriormente, a atitude de Elias que, inclinado sobre a terra coloca a testa contra seus joelhos, é uma atitude ao mesmo tempo de submissão, de abandono e de confiança. "Eu me entrego à terra e ao espaço que contém todas as coisas" – é um movimento de adoração e uma postura de intercessão. É pedir que o céu desça à terra, seja em um nível material pedindo que venha a chuva, seja em um nível mais espiritual pedindo a paz, a felicidade e a plenitude.

Na tradição cristã antiga, a postura de meditação e de prece era a postura de pé, com as mãos abertas e as palmas voltadas para o céu. Quando vocês visitam as catacumbas, veem representações de homens e mulheres que rezam nesta posição. Isto para nos lembrar que o Cristo lavou nossos pés, recolocou-nos de pé e que devemos nos manter nesta atitude de ressurreição.

Uma segunda posição importante, na tradição cristã, é a posição sentada em um assento bem baixo, sobre os calcanhares. Esta é a postura de meditação, quando queremos ficar imóveis por muito tempo, com a coluna vertebral ereta e o peito livre e desimpedido, para que o sopro possa subir e descer livremente e para que o coração esteja vivo.

Estas são as duas posturas tradicionais. Mais tarde, no início do século XII, apareceu a posição genuflexa, os dois joelhos sobre a terra. Antes, esta postura era adotada somente por alguém que tinha cometido uma má ação contra outra pessoa, contra si mesmo ou contra algo que orientava sua vida. Este gesto não era de submissão, mas de tomada de consciência. Um gesto de humildade: "Eu retorno à terra, eu não me mantive bem de pé. Assim, tenho que me tornar novamente uma criança e crescer outra vez".

Na tradição católica romana, em torno do século XIII, era solicitado aos fiéis para ficarem, de preferência, de joelhos. Isto coincide, efetivamente, com o início da dominação do clero sobre o povo, apesar do Cristo no Evangelho nos pedir para não chamarmos ninguém de pai, não chamarmos ninguém de mestre. Porque o único pai, o único mestre é o próprio Deus. Não estamos submissos a pessoa alguma, a nenhum ser humano. E só podemos oferecer a nossa liberdade à própria fonte de liberdade.

Portanto, neste momento de ambiguidade, o ajoelhar-se, o gesto de humildade e lucidez quanto à nossa condição humana e terrestre, tornou-se um gesto de submissão. Mas Deus não nos ama submissos. Deus nos ama de pé. Entretanto, alguns homens amam que outros lhes sejam submissos. No século XIII as pessoas ainda se ajoelhavam sobre a terra. Em torno dos séculos XVIII e XIX, particularmente na Europa, inventaram um pequeno móvel chamado genuflexório, utilizado para o ajoelhar-se. Neste momento, perdeu-se o contato com a terra e perdeu-se, também, um pouco do significado do gesto.

Efetivamente, o ajoelhar-se pode ser utilizado em um sentido de submissão, de dominação. E muitos servem-se do gesto, servem-se de Deus, para submeter os homens e dominá-los.

É por isso que o estudo dos joelhos é simbólico e há nele um sentido profundo de resgate da nossa dignidade de filhos, de seres abençoados. É preciso que dobremos os joelhos para depois mantermo-nos de pé, mais firmemente.

2. Você falou da ligação do joelho com o peito, com os seios. Na língua portuguesa existe uma palavra que faz esta ligação. Tanto para os joelhos como para a região dos seios emprega-se a palavra colo.

Jean-Yves Leloup: É muito bonito contemplar uma criança no colo de sua mãe. Porque então os joelhos se tornam um altar, uma mesa de oferendas. Havia um ritual antigo no qual, quando uma criança morria, o pai e a mãe deviam manter esta criança em seu colo. Para que pudessem vivenciar o luto, o insuportável, o inaceitável e para que tivessem a possibilidade de ofertar aquele a quem mais amaram. Esta passagem pelos joelhos da mãe é um momento muito importante.

A imagem da Pietá nos lembra tudo o que temos a carregar nos joelhos, no colo. E que nossos filhos, mesmo se estão longe, estão sempre em nosso colo. Há neste gesto, nesta atitude, uma bela oferenda. Esta técnica de visualização, de colocar sobre nossos joelhos o que temos de mais precioso, para que nada seja perdido e para que tudo seja doado, nós a reencontramos entre os Padres do Deserto. Evidentemente, esta atitude supõe uma abertura do coração e um contato direto com ele.

Manter alguém em seus joelhos, em seu colo, serve para manter o coração aberto. O colo se torna um elo entre os joelhos e o peito. Obrigado por ter nos lembrado esta relação.

3. Existem pessoas com joelhos muito rígidos e outras, ao contrário, com joelhos muito moles, praticamente sem força. Você poderia nos dizer algo a respeito?

Jean-Yves Leloup: É por aí que é preciso começar. E é por isso que antes de estudar a simbologia da dimensão espiritual dos joelhos, precisamos ter tempo de observar a tensão e a crispação que existem neles.

Fortificar os joelhos. No livro do Profeta Isaías, alguém pede ao profeta para fortificar os joelhos e as pernas de seus irmãos e de seus amigos. Porque, algumas vezes, nossos joelhos e pernas parecem feitos de algodão. Isto significa que é fraca a ligação da terra com toda a parte inferior do nosso corpo.

Necessitaremos, neste caso, de uma terapia corporal com um certo número de exercícios particularmente postulados por Reich e que ele chama de *grounding*, de enraizamento. Em nível psicológico, frequentemente, há uma reconciliação com a mãe. As pessoas que sofrem dos joelhos, sofrem de "suas mães", em algum lugar de suas memórias. É necessário viver uma reconciliação para se tornar mais forte e ficar de pé mais facilmente. Assim, há uma terapêutica ao mesmo tempo física e psicológica que pode tomar como ponto de partida um problema nos joelhos, antes de abordar a dimensão espiritual.

4. Fale-nos sobre a anorexia da mesma forma como nos falou da bulimia.

Jean-Yves Leloup: Na anorexia a pessoa restringe voluntariamente a ingestão de alimento, mesmo na presença de fome, a fim de atingir um grande emagrecimento. Em um certo número de casos, após ingerir o alimento, a pessoa o vomita. É algo muito penoso e doloroso.

Na anamnese psicológica, trata-se de voltar à época do desmame e às dificuldades que podem ter ocorrido neste período. Algumas vezes é preciso voltar mais longe. Há crianças que nascem e já recusam o seio da mãe, porque há uma história que remonta à vida intrauterina.

Portanto, a anorexia é uma patologia, um sofrimento para o qual é preciso encontrar as raízes psicológicas e estas, algumas vezes, têm ligação com a histeria. Há muitos homens e mulheres histéricos que não comem, que têm uma grande repugnância a toda espécie de alimentação. Neste caso, também, há cuidados específicos a serem empregados.

Mas, novamente, falo-lhes em termos muito gerais, porque cada anoréxico tem uma história pessoal, cada bulímico tem uma história pessoal e cada traumatismo tem uma relação pessoal, geralmente difícil, com a mãe. É preciso encontrar o momento em que se deu este traumatismo. Do ponto de vista espiritual, para um anoréxico, é necessário lhe fornecer um outro tipo de nutrição. Por exemplo, mastigar a sua respiração, nutrir-se de seu sopro, de sua respiração e reabrir o apetite pela vida.

O drama de um anoréxico é que ele, frequentemente, é um suicida em potencial. Não tem mais gosto nem apetite pela vida. E deve, em um plano interno, reaprender a degustar a vida. Degustar o sopro, a respiração. Os antigos propunham para os anoréxicos, que eles comessem uma palavra a cada refeição. Por exemplo, durante o almoço, mastigar, mascar, a palavra luz. No jantar escolher uma outra palavra que lhes conviesse, como amor ou paz. Mas é preciso que haja mastigação, salivação.

Conheço várias pessoas que foram auxiliadas, em seu caminho de cura, pelo canto. O fato de reaprender a cantar, mesmo baixinho, a se nutrir da respiração e a se nutrir de palavras, talvez desperte o apetite pela vida. Reencontrar o apetite pela realidade espiritual pode reabrir o apetite pela realidade material. Para o bulímico faz-se o caminho inverso. E, de novo, é preciso reencontrar um equilíbrio.

5. Existem vários tipos de joelhos: joelhos mais magros, mais saltados, mais gordos. Essa diferença de anatomia reflete algum tipo de característica especial?

Jean-Yves Leloup: O interior e o exterior têm, seguramente, uma relação. Mas não é preciso se apressar para dar uma interpretação imediata. Nosso corpo é como um sonho que é cheio de símbolos. Assim, é por meio da escrita de uma história pessoal que se compreenderá melhor o estado desses joelhos.

O objetivo é o de ser cada vez mais capaz de aceitar-se a si mesmo. De deixar partir de nós o que não é verdadeiramente nosso. E de não se apegar. Deixar ir-se aquilo que não é nosso. Algumas vezes há memórias que vêm atulhar os nossos joelhos. O objetivo não é trocar de joelhos mas de viver melhor com eles, caminhar melhor com eles, carregando melhor o peso dos nossos dias.

As pernas
(pernas e coxas)

Há muitas expressões populares sobre as pernas: "ficar de pernas pro ar"; *avoir les cuisses légères*, que quer dizer, literalmente, ter as coxas leves, mas que significa ser dotado de um grande erotismo; *ça me fait une belle jambe*, no sentido literal de "isto me faz uma bela perna" e que quer dizer "isto de nada me adianta"; ter as pernas pesadas, ter as pernas cortadas, etc.

As pernas e as coxas são responsáveis pelo porte e pelo aspecto da pessoa, pela sua postura, sua maneira de apresentar-se, de conduzir-se, de caminhar. Donde a importância da firmeza e da leveza, ao mesmo tempo. É preciso, pois, observar como estamos em relação a nossas pernas, se temos pernas rígidas ou flexíveis, longas ou curtas. Todas estas relações entre pernas, joelhos e pés nos põem em contato com a nossa mãe interna. E por meio da nossa mãe interna, com a terra, com o nosso enraizamento na matéria.

Observemos, também, a abertura e o fechamento das coxas, porque é uma parte de nós mesmos que trai a ansiedade e o medo e, por outro lado, a abertura e a confiança. Portanto, as coxas são este local intermediário entre os joelhos e os genitais, incluindo o sacro.

Nas tradições antigas, as pernas como um todo eram, realmente, o órgão da marcha, do porte, da nobreza e o símbolo do elo social. Elas são o contrapeso que temos que carregar e que tem como resultado andar com dificuldade.

Em algumas tribos, como já referimos, mostrar os joelhos é pedir para ser adotado como filho ou filha de alguém e mostrar suas pernas e suas coxas é perguntar a alguém se gostaria de desposá-lo. É um símbolo bem-concreto.

A região sagrada

Anamnese física

Assim, aproximamo-nos do *sacro*, deste lugar sagrado do nosso ser. E podemos começar por uma exploração anatômica.

Como estamos em relação às nossas nádegas? Nádegas contraídas e nádegas relaxadas. Ou estamos em um estado de tensão e fechamento ou estamos em uma atitude de confiança e entrega. E nossa imagem de Deus pode estar condicionada por esta tensão ou por esta confiança que se somatiza ao nível das nádegas.

Portanto, em um primeiro tempo, lembremos as doenças ou os problemas que nos acometeram ao nível do ânus. É um local delicado e devemos falar dele com respeito e compreensão. Para alguns de nós é um local de problemas e de sofrimento. Um lugar de somatização.

É preciso procurar as causas físicas da constipação, das hemorroidas, de fístulas, de vermes, de disenteria, que nos acometem. Mas é preciso procurar, também, as causas psicológicas destas somatizações que envenenam, às vezes, nossa vida e nos impedem de ficarmos sentados, bem eretos.

Anamnese psicológica

Quais são as memórias que temos, ligadas a esta parte do nosso corpo? Elas são agradáveis ou desagradáveis? Como foi vivido este período de nossa existência que se chama fase anal?

Como foi feita nossa aprendizagem de higiene? Quais são nossas relações com a sujeira, a poeira, as fezes? Essa lembrança requer tempo porque nosso corpo é, frequentemente, nosso corpo inconsciente. Há partes de nós mesmos das quais perdemos a memória. Não queremos mais lembrar porque nos causariam muito sofrimento. E estas memórias se revelam por meio da doença.

Ocorrem, por vezes, fenômenos muito estranhos. Algumas pessoas, por meio da doença, procuram o contato com a matéria fecal que é proibida na vida adulta, sobretudo na sociedade. Lembro-me de uma pessoa idosa, muito rica, que morava em Paris. Durante a noite ela saía à rua para catar lixo nas lixeiras e essa compulsão era mais forte que ela. Em seu processo terapêutico reencontrou a lembrança de si mesma como uma criancinha que, um certo dia, ficou banhada em urina e fezes, vivendo um momento de grande prazer seguido por um movimento de repulsa.

Todos nós temos memórias ligadas a esta parte do nosso corpo. A aprendizagem da limpeza e da higiene não é tão fácil. Vocês se lembram que, quando crianças, aprenderam a não brincar com as próprias fezes, mas não foram impedidas de brincar com o barro ou a lama. Por isso é importante que as crianças brinquem com areia. Mais tarde elas passarão a brincar com bolinhas de gude e depois, na vida adulta, com o dinheiro.

As tradições falam do dinheiro como as fezes do diabo. Não sei bem como elas considerariam os cartões de crédito [...]. Observem a relação das pessoas com o dinheiro, quando pagam suas contas. Elas assinam cheques preenchidos com quantias enormes ou pagam com cartão de crédito, sem nenhuma emoção. Entretanto, tirar dinheiro "vivo" da carteira é muito difícil. Notem que estes gestos são inconscientes. E que a relação com o dinheiro está ligada a este período, a esta memória da fase anal.

Freud fala do período sado-anal que se traduz por um modo de tratar o outro ou tratar nosso corpo como se fossem coisas. Em certas práticas, ditas espirituais, pode-se encontrar esta atitude de dominação sobre o próprio corpo, como uma compulsão de contrair o esfíncter anal. E tanto a avareza como a constipação têm frequentemente as mesmas memórias.

Assim, podemos observar as memórias que tivemos na infância a este nível e qual nossa atitude atual em relação à matéria. Alguns têm medo de tocar a matéria, têm medo do dinheiro e há outros que agarram, apegam-se e acumulam. Estas atitudes são inconscientes e podem somatizar-se nesta parte do corpo. Em certas práticas de sodomia, por exemplo, há uma certa intenção de fazer do outro um objeto. Nem sempre a sodomia é um jogo amoroso e pode se tornar um jogo de possessão e de poder.

Dessa maneira, nossa atitude amorosa, nossos gostos amorosos, podem ser condicionados por antigas memórias. Não devemos ter medo desta parte do nosso corpo, mas devemos amá-la e respeitá-la no outro. Nela há todo um caminho de transformação. E para sair desta relação tipo sadomasoquista que se enraíza na fase anal, é preciso uma confiança recíproca.

Portanto, lembremo-nos dos traumatismos físicos, dos traumatismos vividos em nível psicológico. E não somente dos traumatismos, porque o prazer deve ser também o motivo de nossa busca.

Simbolismo do ânus

Na tradição budista, estar em boa saúde com seu sacro e com seu ânus é aceitar a impermanência de todas as coisas. Tudo o que é composto será decomposto. Esta noção pode nos ajudar a suportar algumas provações da doença ou da velhice, quando sentimos que o corpo está se decompondo. É preciso aceitar este aspecto da vida.

Poderemos então nos sentar no assento, na "sede" da Sabedoria. É curioso que, na tradição cristã, a simbologia das nádegas e do ânus está ligada à personagem da Virgem Maria. Na tradição cristã antiga, Maria é chamada *Sedes Sapientiae* – Assento ou Sede da Sabedoria. E na representação das virgens romanas vocês podem observar esta bela postura da Virgem Maria, como ela está bem sentada sobre suas nádegas e como todo o seu corpo está aberto.

O ânus, no ser humano, é um lugar de abertura que deixa passar o que deve passar, que deixa a purificação se completar. É, portanto, um lugar de relaxamento. E aqui reencontramos um velho símbolo oriental: a flor de lótus nasce da lama, como no Ocidente se diz que as rosas mais belas nascem do estrume.

Na percepção espiritual desta parte do corpo, depois de ter feito a travessia dos traumatismos, das inibições, temos a lembrar que esta matéria composta que será decomposta, este corpo mortal, abriga a Sede da Sabedoria, o Cálice do Graal que pode acolher o *Logos*, a vida divina.

Mas antes de entrarmos neste estado de virgindade e de silêncio, antes de entrarmos em um estado de inocência totalmente receptivo, há todas estas memórias a atravessar, estas memórias de violência e de traumatismo. Para sermos, assim, o Assento da Sabedoria.

Penso em um sonho muito importante de Jung que, como vocês sabem, era filho de um pastor. Quando criança, sonhou que Deus fazia cocô sobre sua igreja. Foi terrível. Só muito mais tarde ele compreendeu este sonho. Que teria de vivenciar, nele mesmo, a união dos contrários, a união entre o alto e o baixo. Entre o que ele considerava como a parte baixa, inferior do seu corpo, que por vezes ele desprezava, e a busca espiritual. Jung interpretou este sonho como sendo arquetípico: que Deus o convidava a integrar a matéria em sua busca espiritual. Senão, estaria se arriscando a uma falsa espiritualidade, uma espiritualidade de planador e não uma espiritualidade encarnada, aquela do Deus encarnado, do infinito no finito, da eternidade no tempo.

Reconciliar-se com esta dimensão de nós mesmos é um caminho de cura, é um caminho de integração e é também um caminho de divinização da matéria. A matéria só é salva se deixarmos que a luz atinja suas profundezas.

Um monge do Monte Athos me dizia que muitos receberam o Espírito Santo no alto da cabeça, alguns um pouco abaixo da cabeça, alguns o receberam no coração, outros no ventre. Entretanto era muito raro encontrar alguém no qual o Espírito Santo tenha descido no sexo ou no ânus. Descido no "sacro" do seu ser. E este monge me dizia: "A pessoa que acolheu o Espírito Santo em todo seu ser foi a Virgem Maria. Acolheu-o em suas entranhas, em seu corpo, em toda sua matéria. E por isso tornou-se a Sede da Sabedoria".

Perguntas e respostas

1. Poderia nos dizer algo sobre a retenção das fezes, constipação, prisão de ventre e a retenção do dinheiro, avareza, por não ter certeza de ser, novamente, nutrido?

Jean-Yves Leloup: A questão é, de novo, encontrar a atitude justa, o caminho do meio. Faço a ligação entre a constipação e a avareza. O medo de perder, o medo de faltar, o desejo de guardar. Os colecionadores, por exemplo, sublimam este medo e este desejo.

A questão é de não ter nem constipação nem diarreia. Se tenho um relógio em minha mão e a mantenho fechada, tenho um relógio e não tenho mais mão. Se minha mão está sempre aberta, não posso apreender nem doar nada. Esta mão é, pois, o símbolo do nosso corpo. Alguns de nós mantêm a mão fechada; outros a mantêm bem aberta. O importante é a sua leveza, abrir para dar e poder receber, poder pegar.

Esta mão, este punho fechado, podemos levá-lo à cabeça no sentido de nos apegarmos a uma ideia, a uma ideologia, a um pensamento, a uma religião. Ou, ao contrário, podemos deixar passar tudo, não nos apegando a nenhuma ideia, pensamento ou religião. Como, ao mesmo tempo, ser capaz de falar, sabendo que o que dizemos não é tudo?

Podemos, também, levar o punho fechado à altura do coração. Podemos estar apegados a alguém e abafá-lo, impedindo-o de viver. Podemos ter uma mão completamente aberta mas indiferente. E com nossa mão podemos acariciar a mão do outro. Nossa mão não é uma garra, nossa mão é também capaz de carícia, de permanecer com o outro, sem torná-lo prisioneiro.

Nossas relações com a matéria, com as pessoas, com as ideias, com o nosso próprio corpo é, de novo, um equilíbrio a reencontrar. E esta parte do corpo que acabamos de estudar, que conhecemos tão mal é, também, um músculo capaz de reter e de dar. Precisamos reencontrar a leveza e isso terá uma incidência e uma consequência no nosso comportamento para com os outros e também no nosso comportamento para com o próprio Deus.

Porque o que se denomina "magia negra" é, muitas vezes, uma maneira de apropriar-se de Deus, de apropriar-se de uma energia sutil, para dominar os outros. Em alguns religiosos e, de igual maneira, em muitas guerras religiosas, encontramos esta atitude sado-anal. Deus não é mais um espaço a partilhar e passa a ser uma posse que se impõe a outrem. Podemos nos servir das Escrituras para lermos juntos o livro sagrado e podemos nos servir das Escrituras para bater com ela na cabeça de alguém, para subjugar alguém. Este problema não é do texto sagrado mas da nossa atitude humana.

2. Poderia falar do sacro e de sua relação com a Kundalini e o Espírito Santo aceito por Maria?

Jean-Yves Leloup: Em certas tradições chama-se *Muladhara Chakra* ao chacra de base, a partir do qual pode despertar a energia e a consciência. Donde a importância de estar em boa saúde, neste nível. Na tradição cristã, dir-se-á que é preciso ser virgem, em silêncio e em paz, relaxados nesta parte de nós mesmos, para que o *Logos* possa nascer em nós, para que o Filho de Deus possa nascer em nós.

Os genitais

Introdução

Continuemos a viagem por este país estranho que é nosso corpo. Este país do qual conhecemos algumas paisagens de um modo familiar e que, certas vezes, parece-nos tão desconhecido em suas reações, em suas manifestações.

O corpo inconsciente guarda o segredo de nossa história pessoal e também da história coletiva. E, algumas vezes, nosso corpo somatiza problemas que não são somente nossos, que não são apenas aqueles da nossa primeira infância.

Estuda-se muito na França, atualmente, a Análise Transgeracional. E observa-se que, em certas linhagens, em certas famílias, ocorre a mesma doença, no mesmo período etário. Exemplo: o mesmo suicídio. É que levamos em nós, em nosso corpo, a memória da família e também da coletividade.

Algumas vezes nosso corpo se ressente pelo que acontece em um país e, mais ainda, pelo que acontece no cosmos. Lembro de um menininho natural da Califórnia, que veio me ver com seus pais, por causa de um problema no joelho. Seus pais não compreendiam o problema porque não havia causa médica ou psicológica aparente, a relação com sua mãe era boa e não havia este tipo de doença em sua família. A criança repetia sempre: "Eu sinto dor na terra". E todos escutavam esta frase como uma fantasia. Durante nossa conversação, em nossa prática de exercícios, através da respiração dos joelhos, dei-me conta de que a criança não mentia e que ela somatizava em seu próprio corpo algo que ocorrera na Califórnia e que destruíra algum equilíbrio ecológico. Encontramos, neste exemplo, o ensinamento antigo dos Terapeutas de Alexandria em que cuidar do corpo é cuidar do Universo e cuidar do Universo e do meio ambiente é cuidar também do nosso corpo. Porque o microcosmo e o macrocosmo não estão separados.

Continuemos, pois, nossa viagem. Esta viagem ao centro de nós mesmos mas que é também uma viagem ao centro da coletividade na qual nos encontramos. Uma viagem ao inconsciente coletivo que anima, por vezes, o nosso inconsciente e que condiciona a nossa atitude em relação a certas maneiras de entrar em relação conosco mesmo e com os outros.

E quando estudamos a região sagrada, quando abordamos a sexualidade, damo-nos conta de que não se trata somente da sexualidade, mas trata-se também da imagem que a sociedade e as religiões têm da sexualidade.

Anamnese física e psicológica

Façamos um trabalho de anamnese. Quando observamos esta parte de nós mesmos que chamamos sexo, seja masculino ou feminino, como nos situamos em relação a ela? Não sou sexólogo nem ginecologista e também não entrarei em detalhes morfológicos de nossa genitália. Mas posso observar, simplesmente, as numerosas e frequentes somatizações que podem nos perturbar a este nível.

É muito raro viver uma sexualidade simples e feliz. É preciso, portanto, verificar qual o tipo de atração e de repulsão que temos em relação à sexualidade. E as consequências que essa atitude de atração ou repulsão pode ter no bom funcionamento da nossa sexualidade. Observar, por exemplo, se temos problemas de impotência, ejaculação precoce, frigidez e observar, igualmente, que não somos impotentes com todas as mulheres ou frígidas com todos os homens.

Pode ser bem interessante colocarmos cada uma destas somatizações no contexto que pôde nos traumatizar diante de certos homens e de certas mulheres e que impedem a justa circulação de nossa energia. É preciso recordar-se destas impressões, mais ou menos traumatizantes, que podem ser da ordem de um incesto. O incesto que nem sempre é uma passagem ao ato, mas que pode estar no pensamento e no desejo. O corpo de uma menina ou de um menino é muito sensível, não somente ao espancamento e à violência, mas é sensível à violência de um desejo ou de uma cobiça, o que pode explicar muitas atitudes posteriores de desgosto, de repulsa ou de atração.

Observemos, igualmente, a qualidade de nossos orgasmos ou a dificuldade em atingi-los e vejamos o que fazer, de um ponto de vista médico ou psicológico, para sermos mais felizes.

Poderíamos também abordar a sexualidade como nosso caminho de transcendência. Este é um tema que encontramos em certas tradições e que alguns de nós conheceram de forma selvagem e inesperada. O sexo é um momento de passagem para além do Ego ou além do Eu porque, por meio do abandono do corpo, alguns podem viver uma abertura para a Luz. Para outros, este momento é somente um sonho ou uma fantasia porque, para eles, a espiritualidade e a sexualidade não têm nenhuma relação. E então sentimos em nosso coração a marca da nossa educação, da nossa educação familiar. Tomemos como exemplo o caso de uma mãe que, inconscientemente, não permite à sua filha conhecer um gozo que ela mesma não conheceu. E se sua filha, se a mocinha experimentar o prazer, terá muita culpa e tudo isto de uma maneira inconsciente.

Portanto, nosso corpo, nosso sexo, nossa sexualidade são habitados por toda espécie de memória. Dissemos anteriormente que, quando tocamos um corpo, não devemos esquecer que tocamos uma pessoa com toda sua história. Da mesma maneira, quando tocamos um sexo, toda esta história está presente, com seus desejos e medos.

O que pode ter condicionado as relações heterossexuais e homossexuais, tanto nos homens quanto nas mulheres? Com todas estas abordagens, compreendemos porque o estudo da sexualidade ocupa tantas pessoas e, particularmente, tantos terapeutas.

Para Freud, toda doença tem sua origem em um uso inadequado ou na impossibilidade de viver sua libido, de viver sua energia sexual. É uma visão que pode parecer estreita, mas que permanece verdadeira. Na análise transpessoal da sexualidade não podemos esquecer estes estudos de base. Entretanto, podemos ir mais longe e descobrir que o prazer, o prazer humano, é mais que uma descarga, mais que a liberação de uma tensão, que Freud chama "prazer".

O prazer humano é mais que isso. Porque o encontro de dois seres humanos, de dois sexos humanos não é, simplesmente, o encontro de duas libidos. É também o encontro de duas almas, é também o encontro de dois espíritos, é também o encontro de dois seres interiores.

As formas de prazer

Se consultarmos o dicionário, distinguiremos quatro formas de prazer. Há *o prazer que está ligado ao corpo* e que é, frequentemente, limitado ao corpo. Há também a *felicidade*. A felicidade pertence ao mundo da alma. Em uma relação sexual pode-se ter prazer sem ter felicidade, pode-se ter felicidade sem ter prazer ou ter prazer e felicidade quando o encontro se situa ao nível do corpo e da alma, ao mesmo tempo.

Há também uma terceira palavra muito importante, que é o *gozo*. Esta palavra, gozo, remete-nos para o que os gregos chamavam *nous* (soma, psique e *nous*). O *nous* é a inteligência intuitiva e contemplativa. Quando em um relacionamento humano ocorre o encontro de dois espíritos, manifesta-se uma qualidade de gozo que é maior que o prazer e a felicidade, que não se opõe ao prazer nem à felicidade, mas indica que o encontro se dá naquilo que o ser humano tem de mais aberto e de mais elevado.

A dificuldade em ter prazer com alguém não impede o gozo ou a felicidade com ele. Evidentemente, o ideal em uma visão holística é que todos os componentes do ser humano – o corpo, o psiquismo e o *nous* – possam se encontrar.

Finalmente, existe uma quarta palavra que exprime algo mais difícil porque nem todos têm a experiência. É a palavra *bem-aventurança*. Ela supõe o encontro dos seres sagrados do homem e da mulher. O encontro do deus e da deusa – encontro no nível ontológico.

Em outra oportunidade, conversamos com vocês sobre o conceito cristão da indissolubilidade do casamento. Afirmamos que tudo é solúvel no tempo. À medida que os anos passam, o prazer pode desaparecer, os sentimentos podem se opor e não serem mais partilhados. Desaparece a felicidade em estar perto um do outro. Outras vezes, não há mais compreensão ao nível noético. Deitamos na mesma cama, comemos na mesma mesa e vivemos em mundos totalmente estranhos.

Entretanto, se nos encontrarmos ao nível do Ser Essencial, mesmo que o vinho falte, como nas Bodas de Caná, podemos fabricar o vinho do prazer, da felicidade e da alegria. Invocamos a presença do terceiro que está entre nós. Este elo ontológico que permanece, mesmo se nos separamos, mesmo se não podemos ser felizes juntos. São experiências que alguns de nós já fizeram. E algumas vezes após um longo caminho.

Lamento, às vezes, celebrar um casamento quando duas pessoas são inconscientes, quando se unem apenas duas libidos que não foram ainda iluminadas. Será preciso um longo tempo para que descubram que a imagem do parceiro não é aquela que eles imaginaram. Que o outro não é a parte dele mesmo que lhe falta. Não é aquele que vai preencher o seu vazio. Que o outro é um outro e, como tal, poderá ser amado. Amará, terá prazer e será feliz com ele ou com ela. Vivenciando momentos de bem-aventurança. Momentos maiores que os da alegria.

Vivenciar esta qualidade de silêncio quando tudo é dito. Porque há também o silêncio do não dito, que é infernal, e o silêncio no qual a palavra é insuficiente. E neste momento de silêncio há, verdadeiramente, uma comunhão ontológica, uma comunhão de ser a ser. Aproximamo-nos do que pode ser a bem-aventurança no mundo humano.

Portanto, a sexualidade não é somente libido. Esta libido pode tornar-se paixão, passar através do coração e transformar-se em compaixão. É sempre a mesma energia. E neste nível, Freud não se engana. Trata-se da energia vital que muda e se transforma, de acordo com o nível de consciência no qual nos encontramos.

A escada dos níveis de amor

Assim como fizemos uma escada dos diferentes níveis de consciência, poderíamos fazer uma escada com os diferentes níveis de amor. Apesar de vocês já a conhecerem um pouco através de livros anteriores[22], talvez possamos aprofundá-la um pouco mais, para melhor sentir que a sexualidade é uma etapa da escada. E que esta etapa necessita ser transposta e transformada. Vocês já notaram que eu gosto muito de escadas, de subi-las e descê-las. Poderíamos escolher também uma pirâmide. É o mesmo simbolismo.

Partimos em um movimento ascendente: a libido, a paixão, a compaixão. É a mesma energia que ascende e nos atravessa.

---

22. *Caminhos da Realização*. Petrópolis: Vozes, 1996; *O espírito na saúde*. Petrópolis: Vozes, 1997.

Observem que os problemas sexuais, algumas vezes, são modos de misturar as formas de amor. Por exemplo, o incesto é uma mistura deste amor muito pessoal e muito belo de um pai ou de uma mãe por seu filho, com o amor erótico de um homem ou uma mulher para com a sua bem-amada ou seu amante.

Em grego, há diferentes palavras para falar destas etapas do amor. A primeira etapa é *Porneia*, o amor voraz e devorador, o amor do bebê por sua mamãe, o amor de consumo. Amo o outro, portanto como-o. Este amor é muito lindo em um bebê, é muito lindo em um gatinho que lambe seu leite. É menos bonito em um senhor de 50 anos. A *Porneia* é uma forma de amor que precisa ser respeitada e que ocorre em um momento de nossa evolução. Para crescer, temos necessidade de nos nutrirmos do outro.

As palavras seguintes, em grego, são *Pathé* e *Manía*. Ovídio escreveu *A arte de amar* que é a arte de evitar tornar-se amoroso. Porque para os antigos gregos e romanos, estar amoroso é uma doença. É uma possessão. *A arte de amar* de Ovídio é a arte de evitar cair neste estado de possessão.

Traduzimos a palavra *Pathé* por paixão e ela está na origem da palavra Patologia. É interessante verificar que, na tradição grega, algumas formas de amor são formas de patologia, são formas de possessão, de *Manía*, como, por exemplo: maníacodepressivo. A paixão nos faz passar por estados extraordinários, maravilhosos, mas pode ser também um inferno, pelo ciúme que desencadeia.

Este amor não é de consumo, não é um amor devorador, mas é um amor de posse, de dependência e também de necessidade. Aqui, o amor não é um dom, é uma necessidade, uma solicitação. Às vezes, o que chamamos de amor não é senão posse, dependência, necessidade. Esta forma de amor é uma forma de sofrimento.

Na cultura ocidental, pelo número de canções e de romances tristes que ouvimos e lemos, temos a impressão de que não existe amor feliz. Todas as histórias de amor são, ao mesmo tempo, histórias apaixonadas, possessivas, ciumentas e, frequentemente, dolorosas.

Depois vem a palavra *Eros*, que expressa não somente um amor de solicitação e necessidade, mas também de desejo. *Eros* é um jovem deus. É ele que dá asas ao nosso falo, à nossa necessidade e à nossa libido. *Eros* já é uma forma muito evoluída de amor. Não estamos mais no consumo que caracteriza a criança, em possessão, dependência, solicitação e necessidade que caracterizam a criança e o adolescente, mas começamos a viver uma sexualidade adulta. Um amor de uma pessoa por outra, desejando-a e maravilhando-se com ela.

Para Platão, *Eros* é o amor da beleza, o amor da grandeza que nos falta. Já falamos do pé alado. Pois bem, *Eros* é o sexo alado, o sexo que encontra suas asas. E, atualmente, a palavra *Eros* está muito próxima da palavra *Porneia*.

A palavra *Storgué* pode ser traduzida como ternura e *Harmonia* que é uma palavra muito bonita para falar de amor. É uma maneira de harmonizar o seu ser com o ser do outro. Sri Aurobindo dizia que os problemas entre os seres humanos são problemas de ritmo. Nós não vivemos no mesmo ritmo. É uma experiência muito bela harmonizar sua respiração (seu Sopro), com a respiração do outro.

Esta harmonia entre duas pessoas tem como consequência uma cura da terra. Os antigos chineses diziam que, da harmonia entre o homem e a mulher, da harmonia entre dois seres, depende a harmonia do universo. Não estamos mais ao nível da necessidade, da paixão, nem mesmo do desejo. Estamos no mundo da harmonia e, pouco a pouco, nos aproximamos da compaixão.

Chegamos à palavra *Philia* que é muito interessante. Vocês a encontram em Filosofia – o amor à sabedoria –, em Filantropia – o amor aos seres humanos. Em grego, distinguem-se diferentes formas de *Philia*.

A *Philia Physiqué* é o amor parental, a amizade entre parentes. O amor da mãe ou do pai pela sua criança e vice-versa. É, igualmente, o amor entre irmãos. Este, às vezes, é um amor difícil, porque a inveja, a concorrência vem tudo destruir. Mas, como diz Rousseau, "um irmão é um amigo que a natureza nos dá". Esta é uma forma de relação muito preciosa.

A *Philia Zeiniqué* é o amor da hospitalidade, o respeito aos outros, o respeito por aqueles a quem se recebe. Temos aqui uma qualidade de relacionamento que é diferente das relações familiares. Não há a mesma familiaridade, mas pode haver a mesma profundidade e pode mesmo ser mais profundo. Temos amigos com quem temos relações mais íntimas que com nossos irmãos, irmãs e pais.

A *Philia Etairiqué* é o verdadeiro amor-amizade entre dois Egos, duas pessoas. É o amor do dar e do receber, uma relação de confiança, ajuda, parceria. E diz o provérbio que aquele que tem um amigo é mais rico que aquele que tem um reino. Porque podemos viver com este amigo o que temos de mais humano.

A *Philia Erotiqué* é também uma amizade, um amor com respeito, um amor que respeita a liberdade do outro. É uma espécie de amizade-amorosa. Não é muito fácil de entender porque não é paixão, não é dependência, mas há uma qualidade de ternura, de harmonia, de grande respeito e atração que faz dela uma amizade muito profunda.

Disse-lhes que, às vezes, misturamos as formas de amor. Quando a *Philia Physiqué* se mistura com a *Philia Erotiqué*, há uma forma de incesto. Quando a *Philia Zeiniqué* se confunde com a *Philia Erotiqué* esquece-se o respeito, a distância que se deve àquele a quem se recebe como um hóspede. Não podemos exigir do hóspede uma intimidade que supõe um conhecimento maior, com partilha do seu espírito e do seu psiquismo, ou mesmo com manifestações ao nível do corpo.

Há ainda outras palavras para designar o amor. A palavra *Énnoia* quer dizer o dom, a doação e, às vezes, o devotamento. É uma qualidade de amor que manifesta uma grande generosidade do coração. É a libido, a energia vital que se manifesta ao nível do coração.

Kháris significa gratidão. Ter gratidão pela existência do outro. Agradecer ao outro porque ele existe e maravilhar-se pela sua existência. Não sei se alguma vez já lhes agradeceram porque vocês existem. É um grande presente. E frequentemente, uns com os outros, faltamos com a gratidão. Vivemos na ingratidão. Não sabemos reconhecer as doações que nos são feitas. Somos como grandes bebês a quem tudo é devido, tudo é normal.

Finalmente, chegamos à última palavra desse vocabulário grego, *Agápe*. Podemos traduzi-la como a graça ou a gratuidade. Ambas têm a mesma etimologia. É esta gratuidade do amor em que se ama por nada, por causa de nada. Não sei se vocês viveram esta experiência: amar sem ter nada de particular para amar. Amar não a partir de sua carência, mas amar a partir de sua plenitude. Amar não somente a partir de sua sede, mas amar a partir de sua fonte, de sua fonte que corre.

A palavra amor tem sentidos bem diferentes. Não é preciso opô-los uns aos outros. Há uma criança que tem fome e sede, um adolescente que pede para ser reconhecido, nomeado, chamado. Não podemos esquecer o desejo que nos habita. Somos igualmente capazes de harmonia e de ternura e seria uma lástima nos privarmos da amizade, desta troca, deste partilhar, desta capacidade de doação e de perdão que habita em nós. E devemos fazer também a experiência do que há de graça, de gratidão e de gratuidade em nós. Fazermos a experiência de Deus em nosso interior.

São João nos diz que Deus é amor e que aquele que habita no amor, habita em Deus e Deus habita nele[23]. A palavra que é

---

23. Primeira Epístola de São João, capítulo 4, versículo 16.

colocada na boca de Jesus não é *Eros*, não é *Philia*, não é *Énnoia*. É a palavra *Agápe*. Portanto, é proposto ao ser humano uma experiência. Ele é chamado para exercitar sua capacidade de gratuidade e graça. Em um mundo onde tudo se paga, onde nada é gratuito, ele é chamado a introduzir a graça e a gratuidade.

Somos convidados a introduzir em nossa libido, em nossas experiências sexuais, em nossas paixões devoradoras, em nossos ciúmes possessivos, *a compaixão*. Introduzir a graça e *Agápe*. Fazer isso não só pela nossa felicidade e bem-aventurança, mas também pela cura da nossa sexualidade. Se vivemos no nível da harmonia e da ternura, alguma coisa se relaxará em nossa libido. As relações sexuais vão mudar. E o sexo não terá mais a mesma importância. O importante será a relação do meu ser com o outro ser.

É também importante lembrar que as pessoas não perdem a capacidade de amar mesmo que envelheçam e conheçam uma perda do desejo ou da necessidade sexual, mesmo após um acidente ou um acontecimento dramático quando perdem esta capacidade. Estas pessoas podem se abrir a uma capacidade nova de amar, ainda não explorada por elas.

O amor é como um arco-íris. Esta imagem é mais bonita que a da escada. É um arco-íris do qual conhecemos apenas algumas cores. Temos ainda cores a descobrir. Mas o arco-íris, também, são todas as cores juntas. Dentro desta abordagem, não se trata de opor *Agápe* ao amor espiritual, ao amor vivo e humano e nem mesmo ao amor animal. Porque nós também somos animais, somos seres humanos e somos seres divinos. A experiência do amor nos permitirá visitar todas as cores do arco-íris. A exploração apenas da libido nos parece, atualmente, muito limitada. Há em nós uma abertura para todas as outras cores. Mesmo se, para algumas cores, só nos reste sonhar.

Há porém sonhos premonitórios e um dia nós amaremos. Não apenas como animais bem vivos, não somente como amantes apaixonados, mas também como deuses apaziguados...

Simbologia do sexo

A representação mais primitiva de Deus foi encontrada na Índia e são o *Lingam* e a *Ioni*, símbolos fálico masculino e genital feminino. Assim, a representação do sexo foi a primeira representação feita pelo homem para evocar Deus. Porque o sexo é o local onde se encarna a vida, onde se transmite a vida. Por isso é algo de muito sagrado. É triste ver, em nossa época, a que ponto o sexo é profanado. Ele perdeu a sua dimensão sagrada. Não é mais um instrumento despertador e de transformação. Tornou-se, para certas pessoas, um instrumento do mal e do pecado.

Uma das reprovações que Jung fazia a Freud era a de não ter se apercebido da dimensão numinosa da sexualidade. A possibilidade de despertar, de abrir-se à transcendência que nos é dada por meio desta relação íntima entre duas humanidades.

Na tradição judaica, o sexo é algo sagrado quando acompanhado pela palavra. Nesta tradição há uma passagem do sexo à palavra. Quando se tem uma relação sexual com alguém a quem não se dirige a palavra, esta relação não é humana. Falta a palavra e é ela que dá o sentido. Que dá o sentido a este abraço. Para nossa vida prática, esta é uma indicação interessante.

Na tradição cristã, chama-se *sacramento* a um gesto que uma palavra acompanha. O sexo pode se tornar um sacramento se é acompanhado por uma palavra de ternura, por uma palavra de amor. Se é acompanhado pelo coração e se o coração é acompanhado pela inteligência. Neste momento, o sexo se torna um ato realmente humano.

"O Verbo se fez carne" para que a carne se torne Verbo. É uma frase que retorna sem cessar nos Padres da Igreja. O sexo é, então, uma palavra de amor estendida para o outro. Ou uma palavra de amor, aberta, que acolhe o outro. Dessa maneira, o sexo passa a ser o local da Aliança.

A Aliança entre Deus e os homens

O primeiro sinal da Aliança entre Deus e os homens foi o arco-íris que apareceu no céu, a Noé, após o dilúvio. Entretanto, o primeiro ritual que marcou esta Aliança foi a circuncisão de Abraão[24]. Assim, o homem de Israel que não for circuncidado é "cortado" de seu povo, do povo de Deus.

Qual é o sentido da circuncisão? A circuncisão em hebraico chama-se *Brit Milah. Brit* quer dizer pacto, aliança, e *Milah* quer dizer circuncisão. Portanto, Aliança da Circuncisão. É feita ao 8º dia após o nascimento e é neste dia que o menino recebe seu nome.

A circuncisão ocorre em três etapas. A primeira etapa, em que o prepúcio é cortado, chama-se *Orlah*. O prepúcio representa uma túnica, uma túnica de pele. A segunda etapa é *Priah*, quando a glande é descoberta como símbolo da Luz e do Verbo. Aproximamo-nos da simbologia do *Lingam* que, na tradição hindu, significa uma coluna de luz. Em seguida, a pele é afastada e vem a terceira etapa chamada *Mtsitsah* que se pode traduzir como sucção. A pessoa que circuncida suga o sexo da criança, como se, pela sucção, chamasse o sangue e o Sopro. É um gesto de muito realismo, que pode traumatizar algumas crianças.

A circuncisão não é somente um gesto de higiene como é realizado nos países de clima quente. É um gesto simbólico, que

---

24. Gênesis, capítulo 17, versículos 1-27.

não se opõe à higiene, mas lembra ao homem que Deus está em sua pele, que Deus está em seu sexo e que não deve utilizar seu sexo para dominar outrem, particularmente para dominar uma mulher. E que o sexo é o local dele mesmo em que pode partilhar a sua vida com outro ser.

Este é o sentido profundo da circuncisão. Ela é feita para preservar a Aliança entre a vida humana, a grande vida do Universo e a vida de Deus. Para lembrar a Aliança para a qual somos chamados uns com os outros e que esta palavra Aliança tem ainda um outro nome, para falar de amor. Por isso, falei a vocês sobre a circuncisão. Queria insistir sobre este aspecto da sexualidade ligada ao amor e de sua dimensão sagrada, que é frequentemente esquecida.

Perguntas e respostas

1. Qual o sentido da sucção que a pessoa que circuncida realiza na criança?

Jean-Yves Leloup: Na tradição hebraica, o sangue é o portador da vida e sua sucção não tem por finalidade bebê-lo. Entretanto, a alma está no sangue e a sucção é como um chamado para que a alma venha habitar o corpo dessa criança. Uma alma não somente animal, mas uma alma realmente humana, quer dizer, capaz de desejo, capaz de amor, capaz de Aliança.

Este rito pode ser praticado de forma bastante traumática e automática, da mesma maneira como, em certas igrejas, praticamos um ritual sem conhecer o sentido profundo e simbólico do gesto que fazemos. O gesto está cortado da palavra. O gesto está cortado do sentido.

Creio que a sexualidade no Ocidente está geralmente cortada do seu sentido profundo e sagrado. Há uma palavra a reencontrar a este propósito. Há uma palavra que foi ocultada. Creio que foi uma palavra feminina.

Por isso, fico muito emocionado com a descoberta do Evangelho segundo Maria Madalena. Porque é um olhar feminino pousado sobre o masculino. Porque é um olhar feminino pousado sobre a realidade de Deus. Esta realidade de Deus que não é feminina nem masculina, mas infinitamente além de ambas.

2. A circuncisão potencializa o Ser e não me parece uma prática castradora. Gostaria de saber a opinião de Jean-Yves sobre a mutilação do clitóris na mulher muçulmana e que eu reputo como um roubo do prazer. Como ele percebe a diferença entre os dois?

Jean-Yves Leloup: Sejamos claros sobre este assunto. A circuncisão é um ritual da Aliança. A excisão do clitóris é um crime. Não há referências nos textos sagrados, Antigo e Novo Testamento e no Alcorão, sobre a prática da excisão.

A excisão do clitóris leva à possibilidade masculina de ter prazer na mulher, impedindo-a da reciprocidade no prazer. Impede à mulher de gozar em toda a sua plenitude. Este não é um ritual de Aliança, nada tem de sagrado e há, neste gesto, alguma coisa de criminoso e destrutivo.

De acordo com as tradições, é a mulher que é ativa. Referimo-nos ao Kama Sutra, aos diferentes tantras, às grandes artes de amar que existiram durante a Idade Média, no Ocidente cristão. Isto é bem-explicado nos tantras e em outros textos sagrados. A mulher é como a lua que gira em torno do sol. O homem é passivo e a mulher está com ele não só para encontrar o seu próprio prazer mas para, no encontro do seu próprio prazer, repassá-lo ao homem. Mas o homem tem medo da mulher, da sua possibilidade múltipla de prazer.

Ora, em uma mesma relação, a mulher pode ter vários orgasmos e, neste sentido, o homem é muito pobre. Ele tem medo. Sentindo sua fraqueza, quererá afirmar sua potência, mais do que afirmar o seu amor. Se o homem não se deixa iniciar pela mulher, se quer ser seu dono, haverá o nascimento do processo de excisão.

Onde há medo, há violência. E a excisão do clitóris é um ato de medo e de violência. Nada tem a ver com a circuncisão que é a lembrança, ao ser humano, do caráter sagrado do encontro, que pode fazer da sexualidade um ato de amor verdadeiro, um ato de Aliança. Da aliança entre o homem e a mulher, entre o masculino e o feminino e também um ato de aliança entre Deus e o ser humano, entre o céu e a terra.

Então, que fique claro: circuncisão não é excisão. A excisão é um sofrimento real que precisamos combater. E combater fazendo com que o homem compreenda as vantagens que terá deixando-se iniciar pela mulher, quando então o seu prazer se tornará duplicado. Isto supõe que ele seja libertado do medo e que tenha um pouco de humildade. E implica um longo caminho.

3. Como compreender a questão da homossexualidade, dentro da escada do amor?

Jean-Yves Leloup: Existem diferentes níveis de homossexualidade. Na adolescência, há uma etapa na qual poderíamos dizer que a homossexualidade é normal. Para descobrir-se a si próprio, o ser humano, na adolescência, tem necessidade de encontrar um outro que lhe seja semelhante.

A homossexualidade é o amor pelo igual. Encontramos textos específicos tanto em Platão como em Aristófano quando dizem que dois amigos, em uma relação homossexual, amam seu próprio reflexo no outro. E quanto mais o reflexo é perfeito, mais a fusão é profunda.

Assim, podemos considerar a homossexualidade como uma etapa normal em um processo de sexualidade. Conhecer o igual, antes de ter acesso ao diferente. Porque quando o homem se olha no espelho da mulher, nota uma diferença. E a diferença não é somente física. Ela é psicológica, ela é noética. A inteligência masculina é muito diferente da inteligência feminina e ambas são complementares.

O homossexual que continua fixado ao igual tem, geralmente, um certo número de dificuldades em relação à sua mãe. Porque, de certa maneira, ficou fechado no útero, no semelhante e a mãe é a única mulher que ele pode ter. Vocês conhecem estas explicações mais ou menos sofisticadas da homossexualidade.

Portanto, há uma homossexualidade que consideramos como pré-pessoal e há também uma homossexualidade que consideramos como transpessoal. Esta supõe que a pessoa, homem ou mulher, também seja capaz de encontrar o outro sexo, de viver a prova da alteridade.

O Apóstolo Paulo nos diz muito bem que, quando estamos no Cristo, quando realizamos em nós o Arquétipo da Síntese, da síntese entre o masculino e o feminino, quando nos aproximamos do que é simbolizado pelo estado andrógino, "não há mais macho, nem fêmea". Isto significa que as relações não são mais de sexo a sexo, de macho a fêmea, mas de pessoa a pessoa. E este amor de pessoa a pessoa está além do sexo.

Não sei se neste texto de São Paulo poderia ser incluído o amor homossexual. Mas eu queria lhes lembrar, simplesmente, que o amor está além do sexo. Que uma mulher pode viver um amor verdadeiro com outra mulher e que um homem pode viver um amor verdadeiro com outro homem. E que esta relação não se situa ao nível de sua libido, de sua sexualidade. Porque se é vivida somente ao nível da libido e da sexualidade, haveria nela algo que afrontaria a alteridade, alguma coisa de regressivo, que procura na relação a fusão perdida. A fusão perdida com a mãe, a fusão perdida com o igual.

Esta é uma interpretação, entre outras, que permite considerar a homossexualidade como um processo de transformação. E que, ao final desta transformação, o problema não é mais a sexualidade, o problema é amar. É amar alguém. E aproximar-se deste *Agápe* que evocamos no arco-íris.

4. Considerando-se que para um bebê, o amor voraz da escada, o mamar, é um ato intuitivo, como você classificaria o bebê que não sente qualquer atração por mamar ou que não se relaciona com qualquer tipo de alimentação? Que rejeita não somente o seio materno mas qualquer outro tipo de alimentação?

Jean-Yves Leloup: Reencontramos, neste caso, o problema da *anorexia*. Já dissemos que o problema do anoréxico não é somente a recusa do seio da mãe e a recusa do alimento. Mas é a recusa à vida, é a recusa a viver, é o impulso suicida, é o impulso para a morte. E este impulso pode ter suas razões na vida intrauterina, quando a criança não foi desejada, quando interiormente foi rejeitada.

O processo de cura, de terapia, consiste em devolver à pessoa o seu desejo de viver, seu apetite pela vida. Uma bela definição da psicanálise é a de devolver à pessoa o seu desejo e a sua própria palavra. Mas, antes de resgatar seu desejo e sua palavra, é preciso resgatar seu simples impulso, seu simples instinto de sobrevivência. E isso requer, por parte da pessoa que a acompanha, muita paciência, muito amor e nutri-la com sua própria respiração.

5. Como enquadrar uma relação telepática amorosa, em que um casal sente a energia transcender os genitais?

Jean-Yves Leloup: Eu acho que esta questão pode continuar como uma questão ainda por um pouco de tempo. Entretanto, ela é muito interessante porque supõe que o encontro de dois corpos não é somente o encontro de dois corpos físicos. É também o encontro de dois corpos energéticos, de dois corpos sutis, de dois corpos ontológicos, como falamos antes. E a questão que nos é colocada é como estar no nosso corpo com todo o nosso corpo, em todas as suas dimensões.

É Nietzsche que nos diz: "No verdadeiro amor é a alma que envolve o corpo". Por isso, alguns dizem: antes de te encontrar, não sabia que tinha uma alma. Antes de te encontrar, não sabia que tinha um Espírito. Antes de te encontrar, não sabia que Deus estava vivo em mim. Às vezes, podemos nos expressar dessa maneira. E podemos nos expressar em outro sentido: antes de te encontrar, não sabia que tinha um corpo físico. Não sabia que poderia conhecer o prazer. Conhecia o amor espiritual, mas não conhecia o amor carnal.

Temos muito que aprender uns com os outros sobre este assunto.

6. A Bíblia conta a história de uma mulher que se casou, sucessivamente, com sete irmãos. Jesus diz que, na ressurreição dos mortos, os anjos não se casam e nem são dados em casamento. Como entender isso usando a abordagem da evolução do amor, nesta escada?

Jean-Yves Leloup: Vocês observaram que, na nossa escada, na pirâmide que evoca as diferentes formas de amor, não me referi à palavra casamento. Porque pode existir casamento sem amor e, além disso, o casamento em nível apenas social é uma invenção recente.

Nas origens do cristianismo, duas pessoas viviam juntas e, caminhando juntas, findavam por descobrir que havia uma outra dimensão entre elas. O que fazia do casamento um beber da mesma taça. Seria preciso reescrever toda a história do casamento.

A passagem do Evangelho[25] a que você se referiu fala que, na ressurreição, "nem os homens se casam nem as mulheres se dão em casamento, *mas são todos como anjos do céu*". O que Jesus nos lembra neste trecho do Evangelho é que a mulher reencontrará os sete homens que ela conheceu, que foram seus maridos e os reconhecerá ao nível do amor no qual eles se encontraram.

Felizmente os anjos não casam. O anjo é um estado de consciência não encarnado e o casamento só existe na encarnação, na sociedade. Algumas vezes, em nossos amores humanos, em nosso casamento, é interessante sentir os anjos que se encontram em nós. Neste momento sentimos que o amor que temos um pelo outro não é dependente do espaço e do tempo. Que podemos morrer, que podemos desaparecer, mas o que se manifestou em nós permanecerá, quer sejamos casados ou não.

---

25. Evangelho segundo São Mateus, capítulo 22, versículos 23-33.

O ventre

Anamnese física e psicológica

Este é um lugar tão rico!

O que temos no ventre, na barriga? É uma questão que se coloca frequentemente a propósito de alguém. Ele fala bem, diz-nos coisas interessantes, mas o que é que ele tem na barriga?

Portanto, em um primeiro momento, poderíamos entrar em uma anamnese física e observar todos os problemas que temos ao nível do estômago, dos intestinos, do fígado, da vesícula biliar, do baço, do pâncreas, dos rins, de todos estes elementos tão vivos e problemáticos, habitantes deste espaço que chamamos ventre. Estes elementos são, frequentemente, locais de perturbações e doenças.

Tomemos um pouco do nosso tempo para observar todas as patologias que tivemos ao nível do ventre, seja do estômago, seja da vesícula biliar ou de outro órgão e observar que nossa doença não chegou ali por acaso. Podem existir causas externas (uma indigestão, uma contaminação), mas podem existir também causas inconscientes tanto pessoais quanto coletivas.

O que é, para nós, ter dor no ventre? O ventre é um local importante do nosso corpo porque nele se encontram o alto e o baixo. Mas nele se encontram, também, o pai e a mãe e, algumas vezes, nossas dificuldades digestivas são uma interiorização dos problemas que podem existir entre nosso pai e nossa mãe.

Certos acontecimentos nos causam mal ao ventre e nos dão vontade de vomitar. Eles nos mostram que nosso corpo é religado com o que se passa no mundo. Observar nosso ventre é também observar o mundo de nossas emoções, seja o riso, sejam as lágrimas. Eles têm a mesma origem, a mesma raiz, nesta região do corpo. Às vezes, temos medo de rir, medo de chorar. Há também este grito que vem do ventre e nas artes marciais fala-se de um grito que mata ou que imobiliza o inimigo.

Podemos, igualmente, nos lembrar de todos os momentos em que tivemos a sensação de receber um soco no estômago. Que, então, de todas as más notícias que recebemos no estômago e das perturbações e doenças que elas geraram. Todos nós temos coisas difíceis a digerir e as coisas mais difíceis nem sempre dependem do estado de nossa cozinha e sim de certas palavras que escutamos, de certos olhares, de certos gestos e de certos abandonos.

Há também pressões que não somente nos sufocam, mas que nos dão vontade de vomitar. Há algo a ser evacuado. Não podemos evacuá-lo pela palavra, por gritos ou lágrimas e não nos resta senão vomitar. Há memórias muito fortes que se inscrevem nesta parte do nosso corpo.

Portanto, trata-se de escutar o ventre. Ele é duro ou mole? Sentir se o ventre está duro. Se ele se fecha, se ele se defende. Ou, pelo contrário, se é mole. É difícil encontrar um ventre que tenha um tônus justo e que esteja em boa saúde em todos os seus elementos. Quando do meu primeiro encontro com Graf Dürckheim ele começou a tatear meu ventre. Da parte de um homem nobre, achei aquilo pouco decente. Explicou-me que só fazia isso com as pessoas que se tornariam suas amigas. Estava tocando o *hara*, o centro aí simbolizado.

O simbolismo do ventre

Após a anamnese física e psicológica das palavras que habitam o nosso ventre, após esta anamnese por vezes dolorosa do corpo e do psiquismo, podemos evocar o seu *simbolismo*.

Podemos, por exemplo, pensar nossos intestinos como um grande labirinto, o mesmo labirinto que encontramos no cérebro e no qual algumas vezes nos perdemos. Perdemos o centro, perdemos o sentido.

Os antigos consideram o ventre como, realmente, um lugar de transformação. Para os alquimistas, o ventre é a *Tanor*, o recipiente da alquimia. Seria neste recipiente que, através do fogo, o chumbo se transformaria em ouro. É o lugar da forja.

Entre os japoneses, o ventre é o local da maturidade. Se um jovem é confiável, diz-se que ele é muito jovem mas que *já tem ventre*. Por outro lado, se não é possível confiar em uma pessoa, mesmo que tenha uma certa idade, dizem que lhe falta o ventre.

Nas esculturas romanas, o Cristo tem um ventre bem proeminente. O mesmo acontece com as esculturas das virgens romanas. Buda e Lao-Tsé são representados com um grande ventre. Isto não quer dizer que eles sejam grandes apreciadores de favas ou massas e sim que estão centrados no Universo.

Ter ventre é ter centro. Este é o sentido do *hara* e, também, da prática das artes marciais. É o que se chama *haraguei*, a arte de fazer todas as coisas com o ventre.

Juntem-se a um grupo e observem como as pessoas caminham. Alguns caminham com seu ventre, como os bebês o fazem quando correm. Se vocês observam um bebê ele corre com seus pés e com seu ventre porque o ventre é o centro da sua gravidade.

Assim, o ventre é um local sagrado. Na arte japonesa do Ikebana, um arranjo feito com o ventre é muito diferente de um feito com o coração. Um arranjo feito com o coração manifesta nossos sentimentos ou nossa emoção e um arranjo feito com o ventre manifesta a harmonia da natureza. Arte das formas é como um eco das formas que se encontram na natureza.

No Japão, servir o chá é uma arte. O chá pode ser servido com o ventre. Quer dizer, a pessoa oferece-o chá permanecendo centrada. E ocorre uma comunicação de energia.

Há muitas estórias a respeito do *haraguei*. Cito-lhes, como exemplo, a história de um mestre e seu discípulo. Ambos tinham a capacidade de fabricar espadas perfeitas e quando se observavam as espadas feitas por um e pelo outro não se notava diferença entre elas. A única diferença era quando as espadas eram colocadas no rio. As folhas mortas vinham diretamente sobre a espada do discípulo e eram cortadas em duas. Entretanto, as folhas evitavam a espada do mestre.

Alguém que está bem-centrado, que está bem no seu *hara*, não possui força destruidora. Possui uma força positiva que espalha a harmonia em torno dele. Diz-se que o verdadeiro guerreiro, o guerreiro realizado, é aquele que não tem mais necessidade de sua arma.

A este propósito, Graf Dürckheim contava a história de uma gata extraordinária:

Em uma casa, de um certo país, há um rato enorme e muito perigoso. Para libertar-se dele, o proprietário da casa apela para todos os mestres-gatos que ele conhece. O primeiro gato que se apresenta é um grande atleta, um gato muito forte. Mas, para surpresa de todos, este gato, que sempre fora vitorioso, é vencido pelo rato.

Apresenta-se um outro gato que diz ao primeiro: "É perfeitamente normal que você tenha sido vencido, porque à sua força opôs-se uma outra força. É preciso se servir da força do inimigo para que ele se autodestrua". Este gato conhece bem as artes marciais. Entretanto, apesar de aplicá-las com toda competência, é vencido.

Chega ainda um outro gato que diz: "Todos os meus predecessores não compreenderam. Este tipo de rato só pode ser vencido com o poder do espírito". Senta-se em uma postura adequada para hipnotizar e destruir o rato. Mas isso de nada adianta.

Então, eis que chega uma velha gata que não tem um ar extraordinário. Entra no quarto, vai diretamente ao rato, pega-o pela pele do pescoço e joga-o fora. Todos os mestres-gatos lhe perguntam: "O que você fez? Qual foi a sua técnica? Quem é o seu mestre? Qual é a sua energia? Como isso é possível?" E ela lhes responde: "Eu não tenho técnica. Quando entrei neste quarto não tinha nenhuma ideia, nem sobre o rato nem sobre o modo de vencê-lo. Simplesmente escutei o movimento do meu ventre, o movimento da vida em mim e fiz o que me pareceu certo". Esta é a força do hara. E completa: "Nada tenho de especial. Conheço, em um país vizinho, alguém que é muito mais forte do que eu. É um velho gato, muito gentil, que passa seus dias dormindo, deitado em um banco. Mas no país onde ele mora não existem ratos".

O trabalho do Terapeuta

A história desta gata é o próprio ensinamento de Lao-Tsé, no Tao Te King. Ele diz que os sábios esvaziam os espíritos e enchem os ventres. Isto pode parecer curioso quando relacionado a um sábio. Mas é próprio do sábio e do terapeuta libertarem nosso corpo de todas estas memórias que o entulham, devolvendo ao nosso espírito sua inocência, sua disponibilidade, resgatando o nosso centro de ser humano que é a nossa própria maturidade. Já dissemos a vocês que uma vida que não tem centro é uma vida que não tem sentido.

Quando trabalhamos o ventre, ao lado dos cuidados médicos, ao lado dos cuidados psicológicos, devem ser levados em consideração a iniciação e a espiritualidade. Em hebraico, a palavra umbigo chama-se *Tabor*. Lembramos que a transfiguração de Jesus ocorreu no Monte *Tabor*. Na simbologia do texto evangélico é lembrado que a transfiguração, a metamorfose, passa-se ao nível do *Tabor*. É ao nível do ventre que uma transformação é possível.

Com estas palavras de Lao-Tsé e do Evangelho ficaremos um pouco em silêncio, bem centrados em nosso ventre e sentindo o sopro que respira em nossa bacia. Fiquemos em uma postura justa, em uma postura adequada, nem crispada nem muito relaxada. Acolhamos simplesmente o Sopro em nosso ventre. Deixemos que o Espírito desça ao mais profundo de nós mesmos. Deixemos que a inspiração aconteça. Acolhamo-la com gratidão, simplesmente expirando e inspirando. Por alguns instantes, sejamos um com o Sopro. O Sopro que respira em cada um de nós, que respira em todo o Universo. E peçamos um pouco de paz, um pouco de tranquilidade para todo este Universo. Simplesmente respirando, tranquilamente, calmamente. Deixemos o Ser respirar em nós, sendo inspirados e expirados. Deixemos ser Aquele que é. Respiremos em sua presença para o nosso bem-estar e para o bem-estar de todos. E durante todo o dia permaneçamos conscientes do Sopro que levamos conosco.

Os diferentes órgãos do ventre

Continuamos nosso caminho que é um caminho de interpretação. Da mesma maneira em que podemos interpretar um sonho em diferentes níveis (e é interessante que diferentes interpretações sejam propostas, para que a pessoa não fique fechada na visão unilateral do terapeuta e de seus pressupostos antropológicos), podemos também interpretar em diferentes níveis um sintoma, uma palavra, que o corpo nos dá. São importantes os níveis médico, fisiológico, psicológico e espiritual. Desta maneira, ler o corpo, escutar o corpo é como ler um texto sagrado. Pode-se identificar o nível histórico e também o nível simbólico. Não esquecer a escrita e tampouco esquecer o Espírito. Assim, falaremos dos diferentes elementos que estão no nosso ventre.

O fígado e as vias biliares

Algumas vezes sofremos de afecções hepato-biliares. O fígado está associado a todo um cortejo de sintomas, inclusive à enxaqueca, e dizemos também que ele é o responsável pelo nosso humor. Que todos estes distúrbios ao nível do fígado vão influenciar nosso comportamento. Uma certa tristeza, uma certa melancolia podem estar relacionadas a um problema hepático. A palavra *melancolia* deriva do grego e significa "bile negra", isto é, uma bile tóxica que pode provocar uma série de sintomas, tais como vômitos, icterícia, problemas alérgicos, calafrios.

Observemos, inicialmente, as perturbações, os problemas, as causas, que fazem do nosso fígado um órgão doente, sejam estas causas físicas ou psicológicas. No pensamento hebraico, o fígado é representado pela palavra *Caved* e ela significa ao mesmo tempo peso, potência, riqueza. É neste lugar do corpo que a luz pode ser estocada e todas as emoções – medo, cólera, ciúme – impedem que a luz o habite. Uma expressão francesa, *ronger le foie,* roer o fígado, fala bem destas emoções[26].

Na simbologia antiga, o fígado estava também ligado à visão. Era sobre o fígado aberto de certos animais que os antigos praticavam a arte divinatória, a predição do futuro.

---

26. Em português, segundo o Dicionário Aurélio Eletrônico, temos outras expressões: desopilar o fígado (produzir alegria, bem-estar); ter mau fígado (ser genioso, vingativo).

Tanto em português quanto em francês, a palavra fígado é derivada do latim *ficatum,* que quer dizer figueira. Lembrem-se da passagem do Evangelho, quando Jesus encontra Natanael e lhe diz: "Eu te vi, quando estavas sob a figueira"[27]. Na tradição hebraica, *estar sob a figueira* é estar ocupado na leitura das Escrituras. Os hebreus antigos, bem como os Terapeutas de Alexandria, diziam que o nosso fígado tinha necessidade de ser nutrido pelas Escrituras, de ser nutrido de luz. Quando eles diziam que as palavras das Escrituras davam frutos em nós, falavam que a figueira brotava, floria.

Assim, o fígado pode estar doente porque se nutre exclusivamente de realidades materiais e tem também necessidade das Escrituras, de informações, de luz. Com isso, a saúde se torna melhor, o que permite ao ser humano encontrar a visão justa. Esta interpretação pode soar estranha, mas quando temos o fígado doente, temos uma visão sombria do mundo, uma visão "biliosa" do mundo. É este o sinal de que nosso fígado precisa de luz, de que nós precisamos, como Natanael, reencontrar, sob a figueira, uma informação que nos ajude no nosso caminho de transformação.

As doenças do fígado são, às vezes, confundidas com as doenças da *vesícula biliar.* Cremos que estamos doentes do fígado quando é a vesícula biliar que tem problemas.

Para os antigos, a vesícula biliar era a sede do discernimento. No Antigo Testamento, o Livro de Tobias nos conta que é com a bile, com o "fel" de um grande peixe das profundezas do Rio Tigre que Tobias, o filho, curará os olhos de seu pai[28]. Este peixe das profundezas significa o mergulho no inconsciente. É preciso olhar o que em nós produz a bile, a tristeza e a infelicidade. É preciso olhar o que nos "rói o fígado". Aceitando

---

27. Evangelho segundo São João, capítulo 1, versículos 45-51.

28. Livro de Tobias, capítulo 6, versículos 1-9, e capítulo 11, versículos 14-17.

este fel e esta sombra, poderemos ver claramente. Cabe aqui um pensamento de Graf Dürckheim: Não há caminho para a luz que faça economia da descoberta da sombra que está em nós, ou seja, é impossível ir em direção à nossa luz sem que, ao mesmo tempo, tenhamos que enfrentar a sombra que nos habita.

Para os antigos, a maior parte das doenças do fígado ou da vesícula biliar era considerada como uma recusa a ver claramente, uma recusa ao discernimento, uma recusa à retidão profunda. Este bloqueio na tomada da justa decisão torna a situação mais pesada, torna o fígado mais pesado. Aquilo que deveria ser uma riqueza de visão torna-se um peso, torna-se uma sombra.

Portanto, para ver a luz, para reencontrar este discernimento, é preciso enfrentar não somente o que nos faz medo, mas o que nos entristece. É sempre um caminho de autoconhecimento. Quando sofremos do fígado ou da vesícula biliar, evocamos as razões físicas e psicológicas deste sofrimento e nos perguntamos, igualmente, por que recusamos a ver nossos aspectos tristes e difíceis.

Na história de Tobias há uma simbologia muito interessante. Inicialmente, Tobias, o pai, olha para o céu, porque não gosta de olhar para a terra. Não gosta de olhar sua mulher, Ana, com a qual ele vive. Então, quando estava olhando o céu, de um ninho de andorinhas cai um pouco de esterco em seus olhos e ele perde a visão. Esta interessante passagem nos lembra que podemos estar em uma busca espiritual, mas se não olhamos face a face nossos problemas terrenos, nossas dificuldades concretas, a espiritualidade pode nos cegar, em lugar de aclarar a nossa busca.

O filho de Tobias curará seu pai com o fel do peixe. Devolverá sua visão, a visão conjunta do céu e da terra, por meio da aceitação daquilo que, em sua vida, é fonte de sofrimento. Há aí uma indicação próxima a certas práticas homeopáticas: curamo-nos a partir do que nos molesta, do que nos faz mal.

Aquilo que para nós pode ser um veneno, tomado em uma certa dose, pode tornar-se um instrumento de cura. É interessante ler o Livro de Tobias pois ele nos indica algo sobre isso.

O Livro de Tobias nos fala também de Sara, filha de Ragel, que desposou sete maridos. A cada noite de núpcias um demônio mata o homem com quem ela se casou. Para Sara, o casamento torna-se um fato muito angustiante. Ela é dada em casamento ao jovem Tobias e este, seguindo as instruções do anjo Rafael, coloca um pedaço do fígado do grande peixe sobre carvões acesos e assim Sara é livrada do demônio. Rafael é o anjo da cura, é o anjo dos Terapeutas. A palavra Rafael em hebraico quer dizer "Deus cura".

Quando somos Terapeutas é muito importante invocar e conviver com o anjo Rafael. Viver com este poder de cura. Mas este poder de cura nos faz, também, descer aos nossos infernos e às nossas sombras. A sombra, para Sara, era o amor de seu pai. Enquanto ficasse na dependência e no amor de seu pai ela não poderia, realmente, encontrar um outro homem. E Sara não queria ver esta realidade. Esta produzia em seu fígado a bile, o fel que, de certa maneira, envenenava as relações com os homens que ela queria desposar.

Para os Terapeutas, o Livro de Tobias é muito interessante como meditação. Talvez um dia possamos estudar a sua simbologia, palavra por palavra. Apenas lembrei-o para mostrar que o processo de cura, acompanhado pelo arcanjo Rafael, faz-nos descer ao segredo do nosso fígado, de nossa bile, de nossa tristeza. Faz-nos olhar na face de tudo isso e libertarmo-nos para que a relação justa com o outro e conosco possa tornar-se possível.

O estômago

Da mesma forma que o fígado, o excesso e o acúmulo podem tornar também o estômago doente. O alimento psíquico, os alimentos afetivos e emotivos são tão reais quanto o alimento físico, pois desde que ingeridos são integrados em nós.

Existe uma expressão francesa, sem similar em português, que diz: "Temos alguém sobre o estômago"[29]. No trabalho de *anamnese* sobre o que nos faz sofrer do estômago, é preciso perguntarmos: o que foi que não integramos? O que não aceitamos? O que não assimilamos? Nem sempre se trata de alimento externo. E podemos colocar as questões: O que não perdoamos? O que não conseguimos digerir?

O estômago e suas cercanias são uma verdadeira encruzilhada, um ponto onde se cruzam muitas estradas: esôfago, estômago, duodeno, o canal colédoco que traz a bile, o canal que traz do pâncreas o suco pancreático. Isso pode ser responsável pelos problemas esofágicos, pelas úlceras gastroduodenais.

Diz-se frequentemente que há uma "úlcera" em todos os conselhos de administração. Certas pessoas se sentem culpadas e tomam toda a responsabilidade pelos fatos e atitudes da sociedade em que vivem. E isto é demais para digerir. Existem algumas interpretações psicológicas sobre a úlcera de estômago. Às vezes, ocorre uma certa dependência materna que remonta à época em que o recém-nascido recebia alimento e amor. Esta necessidade inconsciente de ser amado e nutrido age sobre o estômago, através do sistema parassimpático, levando a uma hipersecreção ácida e consequentemente à úlcera.

Em uma terapêutica onde está presente a dimensão espiritual, *o perdão* é uma realidade importante, que tem uma virtude curativa. Porque podemos tomar toda espécie de medicamento, sermos acompanhados psicologicamente, mas há, por vezes, rancores que atulham nosso ventre, nosso estômago, nosso fígado. O nosso ventre não pode viver, não pode ser libertado e isto pode provocar-lhe doenças graves.

Os antigos insistiam muito sobre a prática do perdão. Esta prática passava por um certo número de etapas. Uma das etapas,

---

29. Alguns dos presentes lembraram expressões como: "Ter um rei na barriga", "Engolir sapo", mas que não correspondem à expressão francesa.

antes de perdoar, era a necessidade do vômito. Temos que vomitar o que carregamos de muito pesado em nós mesmos. Pode ser uma injustiça, algo inaceitável. Igualmente, no processo de cura, pede-se à pessoa para liberar toda sua bile, toda sua raiva, toda sua indignação. Somente depois de ter vomitado é que o perdão pode advir. Perdoar alguém é não fechá-lo nas consequências negativas dos seus atos, é não identificá-lo ao mal que ele nos fez. É reconhecer o mal que ele fez, mas não fechá-lo nele.

Do mesmo modo podemos dizer do perdoar a si próprio. Trata-se de não se identificar com as consequências negativas de nossos atos. Trata-se de reconhecê-los, expressá-los, liberá-los, mas não fazer deles a nossa identidade.

Pode-se dizer de um homem que cometeu um crime que ele deve assumir suas consequências, mas não se pode identificá-lo como um criminoso. Ele pode ser um bom pai, um bom amigo e, no entanto, ter cometido um crime. Alguém pode nos enganar, pode nos mentir. É preciso reconhecer esta mentira, mas não fazer desta pessoa, unicamente, um mentiroso. Então, importa não identificar alguém com um certo número de seus atos.

Esta prática do perdão tem consequências sobre a saúde do corpo. É um tema sobre o qual nós já falamos. Mas, agora, precisamos sua influência sobre o fígado, a vesícula biliar e o estômago. Depois de termos perdoado alguém, depois de termos nos perdoado, depois deste trabalho de vômito e de purificação, podemos sentir um alívio, um relaxamento nestas diferentes regiões do nosso corpo.

Entre os antigos havia a prática da lavagem, do clister. Esta lavagem intestinal está ligada à prática do jejum. A prática do jejum pode ser efetuada por razões estéticas e por razões religiosas, como, por exemplo, o jejum feito na Quaresma e no Ramadam. Mas há também uma prática do jejum que é uma preparação para a visão. Quando os antigos deviam tomar uma decisão importante, pediam a seus amigos para jejuarem por um determinado tempo. Era um jejum, ao mesmo tempo, de alimentação e da alimentação intelectual e afetiva. Implicava, de uma certa maneira, em tornar-se vazio. Com o ventre vazio podiam ter uma certa qualidade de visão.

Vocês já notaram que não pensamos da mesma maneira após uma lauta refeição. Quando escutamos conferências com o ventre sobrecarregado, escapam-nos um certo número de informações. Jejuar não é ter fome. Não se trata de falta de alimento. É um ato voluntário de purificação que tem por finalidade despertar a vigilância.

Penso também em certas práticas de luto. Um homem japonês perdeu seu jovem filho em um acidente. Quando lhe perguntei se ele sofria muito, respondeu-me: "Oito dias de jejum e oito dias de silêncio". Creio que, após um determinado rompimento ou morte, esta prática parece-me justa. Algumas vezes a praticamos naturalmente, porque o sofrimento nos impede de comer. Não devemos forçar a alimentação, porque temos outra coisa a digerir. Há determinados acontecimentos que levam tempo, em nossa vida, para serem digeridos e qualquer alimento é demais, nos empanturra e nos torna doentes.

O baço

Em grego, baço é *splén*[30], donde se originará *spleen* em inglês. Baudelaire chama *spleen* a essa melancolia, essa tristeza, esse desgosto de viver. Uma certa forma de depressão que pode ter sua origem no baço.

Assim como os rins, o baço tem uma função de filtração. Retira do sangue os glóbulos vermelhos velhos e danificados e

---

30. Em português, baço vem do latim *badiu*, que significa embaçado, sem brilho. Entretanto, o termo utilizado para aumento do baço é esplenomegalia, também derivado de *splén*.

os glóbulos brancos que se feriram lutando contra as infecções e as bactérias que os atravessam. Além disso, estoca as plaquetas sanguíneas até o momento de sua utilização.

É um elemento do nosso corpo que não foi ainda suficientemente explorado, psicológica e simbolicamente, mas, como o fígado e a vesícula biliar, é responsável por muitos de nossos humores.

O pâncreas

Na palavra pâncreas reencontramos o prefixo grego *pan,* que quer dizer *todo,* e *kreas,* que significa *carne.* Quando o pâncreas está doente, podemos dizer que toda a nossa matéria, toda a nossa carne, está doente.

O pâncreas é responsável pela produção de insulina, cuja função principal é a regulação da quantidade de açúcar no sangue. Lembramos que o açúcar, a glicose, é uma importante fonte de energia para o nosso corpo. Por outro lado, o suco pancreático é indispensável à digestão.

Ele faz o trabalho da transformação. Então, todas as provações por que passamos atingem o pâncreas e solicitam dele a liberação de uma quantidade de energia necessária à realização do que foi proposto. Poderíamos explorar mais este local de nosso ventre e imaginar que sentimos com nossas mãos seus pontos mais endurecidos, mais dolorosos. Poderíamos novamente fazer circular o Sopro dentro dele.

Os Terapeutas de Alexandria, bem como a terapêutica chinesa, consideram a doença como um bloqueio de energia. É a energia que não circula, algo que permanece bloqueado. Algumas vezes, o que permanece bloqueado é uma memória, uma morte, uma provação que não conseguimos digerir, que não pode ser assimilada e da qual não podemos nos libertar. Antes de poder evacuar, é preciso assimilar.

Todas estas partes do nosso corpo lembram, psicológica e espiritualmente, a importância do tempo. Tempo para a digestão, tempo para a assimilação. Temos necessidade de tempo para perdoar. Para aceitar certos acontecimentos da nossa vida. Quando falta este tempo para a digestão, podemos nos tornar infelizes e também doentes. Portanto, fazemos um convite de aproveitarmos o nosso tempo para digerir.

Os rins

Entremos inicialmente na *simbologia* dos rins. Vocês lembram que colocamos os pés e os rins em relação às orelhas, tendo todos três a mesma forma de semente. Eles são locais de escuta no interior de nós mesmos. Da mesma maneira como é preciso escutar e filtrar as palavras humanas e as informações com nossas orelhas, assim também os rins escutam e filtram as mensagens do sangue.

Na fisiologia do sistema urinário, o papel essencial dos rins é filtrar o sangue, extrair dele a água e os sais minerais excedentes e eliminá-los. Portanto, o rim é, realmente, um local de filtração, de purificação do sangue. Temos, atualmente, uma sobrecarga de informações a filtrar. Estamos sempre sobrecarregados, não somente no plano físico, do que nós podemos comer e receber, mas por todas as informações contraditórias que recebemos pelos jornais, pela televisão. Algumas vezes, isto é demais para nossos rins e não é de admirar que tantas pessoas tenham problemas renais.

Os rins são também um local de escuta da Palavra que vem do transpessoal. Algumas dificuldades por que passam os nossos rins, das quais nos falam frequentemente os salmos, são indicações de que estamos em uma direção errada, de que nos fatigamos inutilmente. Que o objetivo de nossa vida não é esta excitação, este estresse. Que arriscamos a passar nossa vida ao lado de nossa vida verdadeira. E que perdemos, desperdiçamos nossa energia.

Fico surpreso ao verificar como se fala dos rins na Bíblia. E a Bíblia diz que Deus sonda os rins. Algumas vezes podemos sentir como que uma solicitação do nosso corpo a mudar de direção. A mudar nossa maneira de viver. Reencontramos aí uma visão bem antiga de que as doenças são como mensagens, que enviamos a nós mesmos, para que possamos nos curar. A doença é um esforço do corpo para se curar. Creio que esta é uma forma positiva de considerar a doença. Em francês, doença é *maladie* – um mal a dizer. Uma palavra em nós que não consegue ser dita, ser expressa. São os sintomas que falam.

Os rins são um espaço para a Palavra que temos a escutar. Porque, para enfrentar nossa existência, temos necessidade de rins sólidos. Os antigos conheciam muitos exercícios que tinham por função fortificar o *hara* e os rins. Novamente, dizemos que toda esta parte do nosso corpo deve reencontrar sua força, a força estabelecida pela vida que a habita, para enfrentar os acontecimentos.

A coluna vertebral

Anamnese física e psicológica

Observemos, inicialmente, nossas costas. Há uma expressão francesa que diz: *"on a plein le dos"*, significando que estamos cheios, que estamos sobrecarregados. Nem sempre é possível escutar nossas costas, porque não as vemos.

Nas práticas de respiração, notamos que a maioria das pessoas respira com a parte da frente do tórax. Esquecem de respirar com as costas, com os rins, com as omoplatas e mesmo com as espáduas. Procuremos sentir essa respiração de nossas costas.

Podemos ter uma grande sensibilidade nas costas. Sentimos quando alguém está atrás de nós. Não o vemos e, contudo, sabemos que ele está lá. São coisas a verificar.

Em grego, a etimologia da palavra esqueleto (*skeleton*) é a mesma das palavras escola (*skola*) e escada (*skada*). Ora, a finalidade da escola é devolver a alguém sua coluna vertebral. Esta é a finalidade do ensino. E quando se tem uma boa coluna vertebral, um bom esqueleto, quando se esteve em uma boa escola, pode-se escutar o seu desejo mais íntimo sem medo de desagradar os outros. E deixar-se inspirar pelas solicitações da vida.

A coluna vertebral é uma escada a subir. Observemos, portanto, nossas dificuldades em relação a ela. Sobretudo o tipo de relação que temos com o nosso pai. Ele foi presente, sempre presente ou sempre ausente? A presença e a ausência do pai estão ligadas à presença ou ausência de coluna vertebral.

É comum escutarmos que determinadas pessoas não têm coluna vertebral, que elas não têm estrutura interior. Nestes casos, verificamos que a coluna vertebral tem ligação com a falta de um verdadeiro pai na vida dessas pessoas. Quando falo de pai, falo de uma palavra que nos estrutura. Todos nós temos necessidade de ternura, de sermos envolvidos pela mãe e, ao mesmo tempo, temos necessidade de estrutura, da palavra que nos informa.

O papel do pai é de dar o sentido à lei. E a lei não diz a alguém "você deve", mas "você pode". Ser pai é ser capaz de dizer "você pode" e de dar ao filho os meios de poder. Não guardá-los para si. Porque tanto o pai quanto a mãe às vezes impedem que o filho "possa", que o filho seja capaz.

Como dizia anteriormente, a propósito da excisão do clitóris que, em certos casos, a mãe impõe à filha. Por inveja inconsciente ou por impossibilidade, às vezes, não consentimos ao outro um prazer que fomos impedidos de conhecer. Não permitimos ao outro um poder que nos faltou.

Em alguns casos, traduzimos incorretamente a lei de Moisés. Fazemos dela a lei de um mau pai, que produz uma coluna vertebral frágil. A coluna vertebral que Moisés quis propor a seu povo é formada por uma lei que se propõe a despertar o seu poder. *Você pode* não mentir. *Você pode* não roubar. É "você pode". Não é "você deve". A lei estruturante do *dever* torna-se, frequentemente, uma lei castradora. E a nossa coluna vertebral torna-se uma coluna vertebral artificial.

Simbolismo da coluna vertebral

A coluna vertebral é a árvore da vida, plantada no meio do jardim do Éden. Reencontrar a coluna vertebral é reencontrar seu eixo e o eixo do mundo. É reencontrar, de novo, seu lugar no paraíso.

A palavra *vértebra* quer dizer elo de uma corrente, de uma cadeia. Os antigos diziam que a força de uma corrente não é maior do que a força do seu elo mais fraco. É importante que notemos onde estão os elos frágeis da nossa coluna vertebral.

Temos sete vértebras cervicais, doze vértebras dorsais e cinco vértebras lombares. Doze dorsais assim como o ano tem doze meses e Cristo, doze apóstolos. Os Padres do Deserto faziam a correspondência entre a 5ª vértebra lombar e o apóstolo Judas Iscariotes. Muitos de nós são traídos por esta quinta vértebra lombar porque é geralmente neste ponto que alguma coisa se quebra. Cabe ao Terapeuta devolver àquele que ele cuida, sua coluna vertebral, sua estrutura interior. E ajudá-lo a manter-se de pé para fazer face às provações de sua existência.

A *Medula espinhal* é uma espécie de cabo telegráfico que, através dos nervos, recebe os estímulos do corpo e os envia à central, ao cérebro, ao mesmo tempo em que recebe do cérebro as respostas motoras e sensitivas a estes estímulos e as envia de volta ao corpo.

Lembrando o que nos foi dito a propósito do pai, algumas vezes nosso pai nos dá as vértebras, mas não nos dá a medula espinhal. Ele nos dá uma estrutura artificial, uma lei moral, que não é habitada pela seiva, pela medula do sentido. Quando eu falo do pai, falo quer do pai biológico quer do pai que nos adotou, ou daquele que nos abandonou ou que nos faltou. Falo também de diferentes instituições da sociedade que nos propõem um certo número de leis, de obrigações. Que dizem "você deve", "é preciso", mas que não dizem "você pode!" E que não nos dão a medula, o sentido desta estrutura.

Poderíamos falar também da relação entre a coluna vertebral, o caminho do meio budista e a coluna do meio – a Árvore das *Sephiroth* –, na tradição cabalista. Lembramos a escada de Jacó[31]

---

31. Gênesis, capítulo 28, versículos 12-18.

que nos convida a esta subida pela coluna vertebral. E no Evangelho há esta passagem na qual se diz que o Filho do Homem está em seu trono e os anjos sobem e descem. Quer dizer, a energia da medula, a energia da vida é, sem cessar, este movimento que sobe e desce, que nos eleva e que nos enraíza. Se há seiva, se há medula na nossa coluna vertebral, ela nos enraíza na matéria e nos abre para a luz.

Teríamos muitos exercícios a propor para observar a rigidez ou a elasticidade de nossa coluna vertebral, as dores que aí se alojam e as memórias que estas dores despertam em nós. Farei apenas uma observação a mais que vocês poderão notar em suas vidas quotidianas: é que não se pode mentir com a coluna vertebral ereta. Quando vocês mentem, sempre se inclinam para o lado...

É por isso que a coluna vertebral, com o sentido do *hara* e do Sopro, é frequentemente considerada como nosso mestre interior. Devemos estar atentos à nossa coluna vertebral pois assim, verdadeiramente, teremos um grande mestre em nosso interior. E mesmo se nosso pai nos faltou, se nos faltaram ensinamentos e informações, quando escutamos nossa coluna vertebral, o pai, o mestre interno, pode nos guiar no que é preciso e necessário. Manter-se ereto em determinadas situações vai nos lembrar a nossa dignidade – é um exercício que pode nos ensinar muito.

O Livro do Êxodo[32] diz que o Senhor guia os hebreus no deserto, durante o dia em uma coluna de nuvens e, durante a noite, em uma coluna de fogo. O simbolismo é o de uma coluna vertebral para os seres humanos, para a sociedade. Assim, nossa coluna vertebral pode ser para nós uma coluna que nos ajuda a atravessar o deserto e atravessar a noite. É um mestre interior muito interessante a escutar. Diante de certas situações, não são as ideias que turbilhonam em nossa cabeça que precisamos escutar, mas, sim, escutar nossa coluna vertebral, que pode nos indicar, talvez, a direção correta. E a habitar em nossa retidão e em nossa dignidade.

---

32. Livro do Êxodo, capítulo 13, versículos 20-22.

A medula dos nossos ossos

O interior dos ossos contém a *medula óssea* que os chineses chamam de "entranhas curiosas e maravilhosas".

É no segredo da medula óssea que uma célula, chamada *célula-mãe,* produz as células do sangue. No recém-nascido esta medula preenche o interior de todos os ossos. No adulto, ela se restringe quase que ao esterno, às costelas, às vértebras. Neste berço as células são nutridas, crescem e se desenvolvem até que, adultas, prontas para cumprirem sua missão, passam para a corrente sanguínea.

As células produzidas são os *glóbulos brancos* que ajudam nosso corpo a combater as infeções; as *plaquetas* que controlam o sangramento dos nossos vasos; os *linfócitos* que têm a grande competência de saberem o que pertence e o que não pertence ao nosso corpo; e, finalmente, os *glóbulos vermelhos.*

Os glóbulos vermelhos têm uma função vital. A cada inspiração eles se enchem de Sopro. Caminham por todos os recantos de nosso corpo, distribuem o Sopro a cada uma das células, purificando-as, vivificando-as. E ainda recolhem delas o lixo, que descartam na expiração, em um trabalho sem fim.

O glóbulo vermelho sequer pode ser considerado uma célula, porque lhe falta o núcleo. É um simples envelope. Mas, neste envelope, uma carta de amor e de esperança é endereçada a cada uma de nossas células. Uma carta contendo o Sopro.

É no seio desta estrutura, no centro de nossos ossos, que também uma medula pode nos ser comunicada. Às vezes, nas religiões, pensamos encontrar uma estrutura interior. Encontramos ossos, esqueleto, mas não encontramos medula. Não há vida, não há seiva. E na tradição evangélica primitiva nos é dito que a Lei Nova é a lei do Espírito, do Sopro. Como a lei, em uma árvore, é a sua seiva. Nas tradições nós temos, sem cessar, que passar das leis exteriores para a lei interior. E descobrir a medula no interior dos nossos ossos.

O coração e os pulmões

Introdução

Os Terapeutas de Alexandria tinham vários livros: o Livro do coração, o Livro da natureza, o Livro das escrituras, o Livro do corpo. O momento de beleza e de grandeza era quando se sentia a ressonância entre estes vários livros, porque a mesma informação criadora que escreve na natureza, escreve nas escrituras por meio da palavra dos sábios e dos profetas, fala na consciência do coração e fala na consciência e nas feridas do nosso corpo.

Da mesma maneira como o texto das Escrituras pode ser lido para nossa transformação, certos trechos podem nos fazer muito mal e podem, inclusive, nos matar. Quando estava na Palestina, em Israel, ouvi contar sobre o homem que matou Yitzhak Rabin. Um rabino lhe dera para ler um versículo das Escrituras, dizendo: "Se você visar Yitzhak Rabin lendo este versículo das Escrituras, não errará o alvo". Assim, o Evangelho pode ser um pretexto para a Inquisição e o Alcorão pode servir de pretexto para oprimir as mulheres ou para justificar atentados suicidas. Donde a importância da hermenêutica, da correta interpretação dos textos bíblicos.

A leitura do nosso corpo é uma leitura infinita. Quando interpretamos o Livro do corpo, podemos fazer uma leitura que nos mate. Vamos a um médico e saímos de lá com uma doença que não tínhamos antes. Por isso, o diagnóstico é tão importante, porque é uma informação que se imprime no corpo. Daí a importância de propor a um doente, a alguém que sofre, interpretações diferentes de seus sintomas. Não aprisioná-lo em seus sintomas. Dizer-lhe a verdade. Dizer-lhe, por exemplo, que ele tem os sintomas de um câncer, de uma doença grave, mas que não é somente um canceroso. Ele é uma pessoa que precisa enfrentar esta doença. E que pode fazer desta doença uma ocasião de consciência, de transformação.

Assim, ao nível do Livro das Escrituras, como ao nível do Livro do corpo, nossa interpretação pode levar à morte ou fazer viver. Podemos abrir uma esperança, no próprio cerne do desespero. Não mentindo, não fantasiando, mas permitindo a alguém não se identificar com os seus sintomas.

Para os Terapeutas de Alexandria há diagnósticos que são como um maldizer, uma maldição (do latim *maledicere*, maldizer; *maledictione*, maldição) e há diagnósticos que são uma bênção, um bendizer (*benedicere).* Uma maneira de *bem dizer* ao outro o que lhe faz mal. Lembrando-lhe que o seu médico interno pode ajudá-lo a sair desse sofrimento, a não se identificar com ele. A ser maior do que aquilo que lhe faz mal. A não ser mais *objeto* da sua doença, mas ser o seu *sujeito*, o agente de sua doença. Dessa maneira, continuaremos a ler o Livro do corpo, escutando a sua ressonância com o Livro do coração.

Anamnese física e psicológica

Tomemos um tempo para a anamnese, para a colheita das memórias. Lembremo-nos de todos os problemas ou de toda a felicidade que já experimentamos ao nível do coração. Se nos sentimos frágeis, se tivemos crises cardíacas, infartos. E, de novo, pesquisemos as causas físicas, fisiológicas, hereditárias, bem como as causas psicológicas.

Lembremo-nos o que nos deu um soco no coração e que nem sempre foi uma história de amor. No infarto e nos problemas cardíacos contemporâneos fala-se muito em estresse, em sobrecarga de atividades, em um peso muito grande suportado pelo coração. E isso é mais brutal que os problemas digestivos, dos quais falamos anteriormente.

Do mesmo modo, observemos os pulmões e os sintomas que podemos viver a este nível, seja asma, infecções repetidas ou dificuldade respiratória. Quando e em que momento esses sintomas se manifestaram?

Ler o Livro do corpo requer tempo e atenção. O problema da medicina moderna é de querer suprimir os sintomas, sem nos dar tempo de escutar o que a doença tem a dizer. Tratamos dos sintomas um momento, mas sua causa permanece. Não tivemos tempo de ir até suas raízes. Não tivemos tempo para a escuta. E se tivemos tempo para escutar, muitas vezes não compreendemos tudo o que nos foi dito. É uma grande sabedoria, nesse momento, que aceitemos o não compreender.

O mesmo ocorre com o sonho. Não é preciso pressa em fornecer interpretações, mas deixar ao sonho o tempo de fazer o seu trabalho. O tempo de nos transmitir a sua mensagem. Portanto, trata-se de escutar as palpitações do coração, a dificuldade em respirar. E observar como nossa vida emotiva influencia nossa respiração. Quando é que ficamos com a respiração entrecortada? O que é que nos sufoca? O que nos impede de respirar?

Em hebraico, estar salvo, estar em boa saúde, é respirar ao largo, respirar bem e normalmente. Na tradição dos Terapeutas de Alexandria, uma pessoa está em boa saúde, está a salvo, quando ela respira com todo seu ser. Quando a respiração não é interrompida por um bloqueio. Estamos, neste ponto, bem próximos à medicina chinesa. Porque nesta perspectiva, a doença é um bloqueio, uma interrupção da energia. E o médico, pela acupuntura ou pela massagem, facilita que a energia circule novamente.

Deixemos subir as memórias que atingiram nosso coração, que o enfraqueceram ou que o fortaleceram, que impediram nossa respiração. Lembremo-nos também dos momentos em que o Sopro circulava com liberdade e felicidade em nós. Dos momentos em que nos sentíamos levados pelo Sopro. Em que não respirávamos mais, mas éramos respirados pela vida. Nosso corpo guarda não só as cicatrizes das memórias negativas, mas também guarda as memórias positivas de beleza e felicidade.

Em uma psicoterapia iniciática, antes de nos lembrarmos de memórias traumatizantes, é preciso nos lembrar das memórias de luz, das memórias de unidade, de liberdade do coração e do Sopro, que são testemunhas de nossa natureza verdadeira. Elas testemunham em nosso corpo que o bem-estar é possível, não apenas para nós, mas para todo o universo do qual fazemos parte. Se estamos em paz há um local do universo que está em paz. Portanto, para os antigos, cuidar do seu corpo era, verdadeiramente, cuidar da natureza e da sociedade.

O coração é um dos símbolos do centro vital. Existe um centro vital ao nível do *hara* e um centro vital ao nível do coração. O coração é o centro da relação.

Lembrem-se da escada que fizemos, colocando em ressonância esta parte do nosso corpo com as relações que podemos ter, não somente com nossa família, com os sonhos que nossa família tem para conosco, mas também com os sonhos e as imagens que a sociedade pode ter para conosco. Às vezes, estas imagens são coleiras de ferro em nosso pescoço. Estamos como que aprisionados às imagens que os outros têm de nós mesmos. Isso nos impede de respirar livremente e de deixar nosso coração bater tranquilamente. Isto gera uma tensão, uma crispação, que pode ser a origem de doenças graves, como o enfarte do miocárdio, por exemplo.

Às vezes, sentimo-nos sufocar. Não correspondemos à imagem que os outros têm de nós, seja nossa família, seja a sociedade. Se não quisermos adoecer, como na história de Jonas, temos que ter a coragem de sair destas representações que os outros têm de nós. Ao lado da psicose, ao lado da neurose, temos a *normose*. Para alguns de nós, querer ser normal a qualquer preço, querer ser como todo mundo, pode ser fonte de doenças. Porque estamos entravados no nosso desejo mais íntimo. E, neste caso, talvez necessitemos de uma boa coluna vertebral...

O pescoço

O pescoço é um lugar muito importante do corpo. *É o elo entre a cabeça e o coração* e este elo, às vezes, está rompido. A palavra *angústia* vem do latim *angustia* e significa cerrar, fechar. Estar angustiado é estar com a respiração bloqueada, com a "garganta cerrada".

Há palavras que permanecem presas em nossa garganta e nos impedem de respirar, impedem que o coração se torne inteligente, impedem que a inteligência desça ao coração. Donde a importância de desnudar esta palavra que ficou presa em nossa garganta. Pode ser uma palavra de reprovação, de medo, mas pode ser também uma palavra de amor. Há pessoas que nunca ousam falar de seu amor à pessoa amada e, neste caso, pode ficar impedida a circulação do Sopro, a comunhão entre o coração e a inteligência.

O papel da psicanálise é encontrar a palavra e o jeito de dizer essa palavra. Nós não temos palavras para expressar a nossa maior alegria, não temos palavras para expressar o nosso amor ou o nosso desejo mais secreto, sobretudo quando se trata de um final de amor.

E o papel do terapeuta é o de convidar a pessoa a deixar sua palavra nascer. Não a palavra dos pais, não a palavra da sociedade, não a palavra herdada de todo um passado, não repetições, mas encontrar a sua própria palavra, encontrar o seu próprio nome. E conhecer, então, o seu próprio desejo.

Mas para conhecer nosso próprio desejo, precisamos sair do desejo de nosso pai, do desejo de nossa mãe. É preciso sair do desejo proposto pela sociedade. Para encontrar nossa própria palavra é preciso sair das palavras que aprendemos, das palavras que nos impuseram. Às vezes, é apenas um sussurro que nasce em nós. Não é um rio caudaloso com todas as palavras da humanidade, mas é como um pequeno regato de águas límpidas. Então podemos entrar em contato com nossa identidade verdadeira e também com a nossa inocência. Com a água viva que jorra do coração, se nosso coração não for um coração de pedra.

Na Bíblia fala-se muito em mudar o coração de pedra em um coração de carne. A primeira palavra é: *retorne ao seu coração*. Vocês encontram esta frase em todos os profetas. Retorne ao seu coração. Retorne ao seu centro. Esta é também a palavra de Don Juán a Castañeda: "Qualquer que seja o caminho que você tomar, pergunte a si mesmo se este caminho tem um coração". Qualquer que seja a terapia que você pratique, pergunte a si mesmo se essa terapia tem um coração. E, atualmente, seria preciso acrescentar: um coração em boa saúde.

Podemos ter um coração de pedra. O coração de pedra é um coração fechado. Para os Padres do Deserto, esta é a coisa mais grave que pode nos acontecer, que pode nos levar a uma doença grave e fatal, pois o coração está fechado pelo medo. Temos muitas razões para ter um coração fechado. Porque fomos feridos pela vida.

O processo de cura consiste em reencontrar a confiança. Sentimos que é difícil confiar no outro e ter confiança em nós mesmos, confiar na vida, quando vivemos em um período de doença ou de provações. Mas se temos um coração em boa saúde, se nosso coração de pedra tornou-se um coração de carne, então existirá em nós esta confiança. E podemos respirar no interior da doença. Os sintomas continuarão, mas o *sujeito* que os tem é maior que eles.

Tomemos o exemplo da emoção. Alguns de nós são como um *objeto* de suas emoções. As emoções se apoderam de nós. Quando encolerizados, não nos reconhecemos mais. Tornamo-nos um *objeto* carregado pela cólera. Trata-se, então, de nos tornarmos o *sujeito* de nossas emoções. Não se trata de destruir nossa vida emotiva. Isso seria nos privarmos de uma grande riqueza. Mas trata-se de não sermos mais escravos.

O mesmo ocorre com a doença e seus sintomas. Alguns se tornam o *objeto* dos seus sintomas. Identificam-se com a sua doença. Uma pessoa me dizia: "Eu sou um câncer". Respondi-lhe: "Não. Você é você mesma e você tem um câncer. Você é *sujeito*. E o *sujeito* é maior que os *objetos* que fazem você sofrer". É o que eu quero expressar quando digo que temos de passar desta atitude onde somos o *objeto* da nossa doença, o escravo da nossa doença, para o estado onde somos o *sujeito* da nossa doença, onde somos capazes de agir sobre os nossos sintomas.

Falamos, por exemplo, a respeito do homossexualismo. Quando alguém me diz: "Sou um homossexual", respondo-lhe: "Não. Você é você mesmo e a homossexualidade é uma de suas tendências. Você é você. E você pode se transformar. Você não é somente um homossexual, como você não é apenas tal ou qual sintoma".

Dissemos também que, diante de uma provação podemos recusá-la, podemos fugir como Édipo que foge do seu destino. Mas quanto mais fugimos, mais o destino nos segura, nos retém. Quanto mais fugimos do sofrimento, mais ele retorna. E há este momento na vida de Édipo ou do herói doente, como todos somos, em que escolhemos o nosso destino. Não para dele sermos escravos, mas para dele nos servirmos. E para ir mais longe. Então, passamos de uma vida submissa para uma vida escolhida. Escolhemos os acontecimentos que nos chegam como uma forma de evolução de nossa consciência.

A língua francesa tem duas palavras parecidas e com sentidos completamente diferentes: *destin* e *destinée*[33]. O *destin* é a progra-

---

33. Não encontramos palavras em português que tivessem exatamente o mesmo sentido e, por isso, conservamos as palavras em francês.

mação do nosso código genético. É, também, estarmos programados pelos acontecimentos de nossa primeira infância. É estarmos programados pelos acontecimentos sociais ou cósmicos. *Destinée* é nos servirmos do nosso código genético para sermos melhores. É nos servirmos dos acontecimentos da primeira infância ou dos traumatismos que sofremos para crescermos, para evoluirmos. Não sermos mais escravos do que nos ocorre, não sermos mais uma folha levada pelo vento, mas sermos o vento que carrega a folha. Creio que esta imagem pode nos ajudar. Porque há em nós, certas vezes, folhas mortas, memórias dolorosas e nós somos isso. Mas somos, também, este vento que levanta as folhas e limpa nosso jardim. E que vai permitir a floração da primavera.

No *destin*, eu renuncio à minha liberdade. Em *destinée*, eu introduzo a liberdade em meu *destin*. O homem é uma mistura de natureza e de aventura. Não se pode esquecer a aventura, que é a liberdade sobre a natureza. Não podemos mudar a nossa natureza, mas podemos orientá-la. Não posso transformar argila em mármore. Mas com a argila ou com o mármore que me é dado, posso fazer uma Vênus de Milo ou um penico. É a mesma matéria, mas a orientação que eu dei a esta matéria é diferente. Meu código genético continua o mesmo, mas a orientação que eu dou à minha vida vai dar-lhe uma forma pessoal. E é esta forma que eu posso escolher, aceitando os condicionamentos de minha natureza, o condicionamento do cosmos e da sociedade na qual eu vivo.

Todas estas imagens, das quais nos servimos, podem nos ajudar quando temos que enfrentar uma doença, mais do que explicações, mais do que determinados medicamentos. São pesquisas, bem contemporâneas, sobre o poder da visualização. Vermo-nos não apenas como doentes, mas vermos também o que está em boa saúde dentro de nós. Porque, como já dissemos outras vezes, é a partir do que está em boa saúde em nós que talvez possamos nos curar. E é isso o que eu chamo de *sujeito*.

A nuca

Se não aceitarmos estes condicionamentos genéticos, sociais, cósmicos, talvez fiquemos com a nuca rígida. Quando trabalhamos em um hospital psiquiátrico, vemos pessoas que não têm nenhuma mobilidade na região da nuca.

Quando a Bíblia fala de um povo com a nuca rígida, refere-se a pessoas que são limitadas, de espírito estreito. A saúde da nuca consiste em poder olhar para cima, para baixo, para a direita e para a esquerda e, às vezes, um pouquinho para trás [...]. E isto, simbolicamente, nos lembra que nossa inteligência deve permanecer flexível.

Nos Estados Unidos, os conservadores fanáticos são chamados de "pescoços vermelhos", como se todo o sangue estivesse bloqueado nesta região. E, de novo, a vida não circula. Estas pessoas estão presas a uma única visão do mundo e, às vezes, a uma única visão de Deus. E identificam a sua visão como a única realidade.

No mundo científico há também pessoas que têm a nuca rígida, quando consideram que sua percepção do mundo é a única realidade do mundo. E o mundo é infinitamente maior que aquilo que podemos perceber.

Em psicologia, certas percepções acabam por nos encerrar dentro da interpretação de um sonho ou de um sintoma. E aí podemos observar nossa nuca. O fato de relaxá-la pode ter uma consequência do ponto de vista psicológico, abrindo nosso espírito a outras visões do mundo, a outras visões de Deus, a outras visões da doença. Sem opô-las umas às outras. Porque é com a mesma nuca que olhamos para cima e para baixo. A realidade não está somente no alto, ela está também embaixo, atrás, à direita e à esquerda.

Quando observamos um corpo, quando observamos uma doença ou um sintoma devemos olhá-los de todos os lados. Mas, às vezes, olhamos apenas um aspecto. O fato de olharmos uma doença sob um único aspecto pode ter consequências funestas para o resto do corpo. É importante preservar o fio que une estas interpretações. Porque se dermos muitas interpretações a um sintoma ou a uma doença, a pessoa de quem cuidamos pode ficar confusa.

É preciso que a própria pessoa interprete os diferentes níveis de consciência nos quais ela enfrentará sua provação. E que faça um elo entre estes diferentes níveis. Não opô-los uns aos outros. Como dizíamos anteriormente, não opor o trabalho do médico, do psicólogo, ao trabalho espiritual. Ela tem necessidade de todos estes esclarecimentos. E se não está pronta para escutar estes esclarecimentos, devemos adotar uma linguagem discreta, mas que a deixe aberta. Que abra uma possibilidade de cura e de alívio em sua doença.

As mãos e seu simbolismo

Em hebraico, a mão é simbolizada pela letra Y (*Yod*), encontrada no tetragrama YHVH, que significa Javeh (Yod hé vav hé), divino. A palavra mão está ligada ao conhecimento. Tocar a mão, apertar a mão, é se apresentar, é firmar um conhecimento.

Na tradição dos Terapeutas, existe a prática da imposição das mãos. Através das mãos comunicamos nossa energia, nosso coração. Mas também, através das nossas mãos, podemos comunicar algo maior que nós e que não nos pertence. No Evangelho de Tomé há uma frase que diz: "Teremos uma Mão na nossa mão". Na nossa mão há a mão da vida. É interessante sentir, às vezes, esta presença em nossa mão.

Em determinadas práticas orientais, trabalha-se muito com *mudras*, que são gestos rituais das mãos e dos dedos. Fazendo as mãos dançarem, podemos curar uma pessoa. É verdade que a ponta dos nossos dedos está ligada ao cérebro. No Monte Athos, fiquei muitas vezes surpreso ao ver os monges, velhos ou novos que tricotavam. Essa prática, para eles, era uma maneira de apaziguar o mental. Porque há um elo entre as mãos e o cérebro. Quando, por exemplo, rezamos o terço, quando temos as mãos ocupadas em um trabalho manual, quando temos alguma coisa entre nossas mãos, nosso mental, nossa psique, se acalma.

Poderíamos nos interrogar: como sentimos nossas mãos? Como é o contato de nossas mãos com o corpo do outro, com uma pedra, com os elementos que nos cercam?

Poderíamos nos interrogar também sobre o *simbolismo* dos cinco dedos. O *polegar*, na tradição antiga, representava o dedo de Vênus e, também, a cabeça. Nas arenas da Roma antiga, durante as lutas entre os gladiadores, o povo reclamava a cabeça do gladiador vencido girando o polegar para baixo.

A história do Pequeno polegar é a história de uma criança que escuta a intuição que lhe vem da cabeça. É um conto simbólico e seria interessante que nós o interpretássemos. Na história "As botas de sete léguas", o Pequeno polegar abriu sua cabeça aos sete dons do Espírito, o que lhe permite compreender o que a sua simples razão não poderia alcançar.

O *indicador* é o dedo de Júpiter e está ligado à vesícula biliar. O *médio* é o dedo de Saturno, ligado ao baço e ao pâncreas. O *anular* é o dedo do Sol ligado ao fígado. O *mínimo* é o dedo de Mercúrio ligado ao coração. Vejam então que, na antropologia antiga, esta relação é feita entre uma parte do corpo humano e todo o Universo, todos os planetas com os quais esta parte está em ressonância.

Pegamos na mão de alguém para cuidá-lo – na reflexologia há técnicas muito precisas sobre isso. Podemos pegar os pés, as mãos, as orelhas, porque cada parte está ligada à totalidade do corpo. E podemos cuidar do fígado, do pâncreas, da vesícula biliar, simplesmente massageando e trabalhando as mãos. Nos *mudras*, nos gestos simbólicos das danças indianas, existe não só uma função estética como também uma função de cura.

Em nossas línguas temos uma expressão "o seu dedo mindinho me contou". O dedo mindinho está ligado ao coração. Como o Pequeno polegar se deixa guiar pela cabeça, algumas vezes nosso mindinho nos diz muitas coisas.

Poderíamos fazer uma bela meditação sobre este tema das mãos. Na hora de sua morte, que mão você gostaria de ter entre as suas? Alguma vez fomos tomados pela mão? Já fomos conduzidos pela mão? É sempre emocionante ver uma criança pequena conduzida pela mão de sua mãe ou de seu pai. Porque há, neste caso, uma transmissão de conhecimento. São dois universos, com o Sol, Vênus, Júpiter, os diferentes planetas que se encontram.

A propósito do casamento, o rapaz pede a mão da moça. Mas o problema é que, às vezes, ele pede a mão da moça ao pai ou à mãe. E a sua própria mão nem sempre está de acordo.

Encontramos esta expressão em diferentes tradições – *a mão de Deus*. Algumas vezes podemos nos sentir guiados, como se tivéssemos uma mão pousada em nosso ombro, em nossa cabeça, nas nossas costas, para nos fazer avançar, para nos manter de pé. Há um momento onde nos fundimos. E alguns de nós sentiram bem profundamente esta mão, esta mão invisível. Como terapeutas podemos trabalhar, cooperando com esta mão.

Não lhes falarei sobre a tradição dos chacras. Na Unipaz há diversos seminários sobre esta tradição hinduísta. Gostaria entretanto de apresentar-lhes um trabalho que fiz, semelhante a um trabalho de Pierre Weil e relacionado a trabalhos de Reich e Lowen. Coloquei os anéis de Reich, os anéis de tensão e de crispação nos níveis pélvico, abdominal, diafragmático, torácico, oral e ocular, em relação a abordagens contemporâneas, ao trabalho de Maslow e às tradições antigas, entre elas os chacras e as representações cabalísticas do ser humano. Igualmente com a tradição do Vedanta que fala sobre os diferentes envelopes do corpo. O envelope da nutrição, a camada da emulsão, o envelope da respiração, a camada da mente, do pensamento, até esta dimensão de nós mesmos chamada *Anandamayakosha,* que é o nosso corpo de bem-aventurança.

Quando tocamos um corpo, podemos tocá-lo em diferentes níveis, em diferentes camadas. E foi isso que lembramos em todo este livro. Então, pelo esquema apresentado a seguir, relacionamos nosso trabalho com os de Reich, Lowen, Maslow, psicólogos contemporâneos, e com as grandes tradições espirituais, como a hindu, a judaica, a budista e a cristã.

Podemos traduzir tudo isso em uma linguagem bem contemporânea, quando falamos de nosso corpo material, quando falamos de nosso corpo energético, quando falamos de nosso corpo espiritual. É preciso, ainda uma vez, não opor as linguagens mas ver que cada uma destas linguagens pode nos ajudar a melhor compreender o ser humano. E a melhor cuidá-lo. Para o nosso bem-estar e o bem-estar de todos.

ANÉIS DE REICH	YOGA– CHACRAS	CABALA–SEPHIROTH	
	SAHASRARA		KETHER (a Coroa)
Ocular	AJNA	BINAH (a Inteligência)	HOKHMAH (a Sabedoria)
Oral	VISHUDDA	GEVURAH (a Justiça)	HESED (a Misericórdia)
Torácico	ANAHATA		TIPHERETH (a Beleza)
Diafragmático	MANIPURA	HOD (a Glória)	NETSZAH (a Vitória)
Abdominal	SWADHISHTANA		YESOD (o Fundamento)
Pélvico	MULADHRARA		MALKHUTH (o Reino)

MASLOW – Motivações e metamotivações

VEDANTA	BUDISMO		CRISTIANISMO	FILOSOFIA
Anandamayakosa Vijnamayakosa	Budeidade	Dharmakaya	*Logos*	Informação criadora
Mahomayakosa Mahamayayosha	Buda	Sambogakaya	Cristo	Energia
Anandamayakosa	Sidarta	Nirmanakaya	Jesus	Matéria

A cabeça

No rosto encontramos a mesma escada do corpo. A *boca* está relacionada à fase oral. A *mandíbula* é muito importante e está em relação à fase anal. Está ligada às nádegas. Assim, as pessoas que têm as mandíbulas contraídas têm também as nádegas contraídas.

Uma foto célebre de Mussolini o mostra com as mandíbulas crispadas, colocando o pé sobre uma mulher estendida em um tapete. As mandíbulas de Mussolini são famosas, sempre cerradas assim como os punhos, e as nádegas contraídas. Expressa perfeitamente o estado sado-anal. E o seu comportamento para com a mulher que está a seus pés é uma dolorosa ilustração da fase do desenvolvimento na qual ele permaneceu fixado. É preciso ver, igualmente, as consequências que isso pôde ter em sua política.

Portanto, a atitude corporal dos nossos homens políticos pode nos esclarecer sobre o modo como eles conduzem o país. Poderíamos fazer estudos interessantes sobre o assunto.

O *nariz* está ligado à sexualidade. As *maçãs do rosto* estão ligadas ao ventre. Vocês notam que alguém em boa saúde tem as bochechas rosadas. Pessoas com problemas hepáticos ou intestinais têm as maçãs do rosto encovadas. Ainda uma vez, quando olhamos alguém, não se trata de julgá-lo, de fechá-lo em seus sintomas, mas sim de melhor conhecê-lo para melhor amá-lo.

Os *olhos* estão ligados ao coração – olhos abertos, olhos claros e luminosos. Entretanto, há olhos opacos, olhos sem visão.

É muito duro ser olhado por olhos sem olhar. Porque, então, ficamos reduzidos a uma coisa, a um objeto. Não há o encontro de pessoa a pessoa, de coração a coração.

A *testa* nos correlaciona com este estado do mental, do pensamento, e é também um livro importante a escrever. Há toda uma interpretação de nossas rugas, ao redor dos olhos, em torno da boca. Estas rugas são como linhas escritas que contam nossa história. É pena que, às vezes, queiramos apagá-las, porque são o livro da nossa vida.

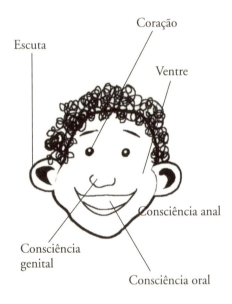

E temos as *orelhas*. Buda é sempre representado com grandes orelhas. Mostra sua capacidade de escutar, de escutar a palavra, mas escutar também o silêncio de onde a palavra se origina e para onde ela volta. Este silêncio algumas vezes envolve a pessoa, não apenas em sua cabeça, mas em todo seu corpo. Portanto, há esta presença do Espírito, da chama do Espírito que pode descer a todos os níveis do ser.

Encontramos novamente todos os chacras. Há um trabalho que pode começar embaixo dirigindo-se para o alto e há um trabalho que desce da nossa testa em direção a nossos pés. É preciso, ao mesmo tempo, elevar-se a Deus e saber que há o Espírito de Deus que desce e que quer nos habitar.

Certas vezes, nossas estrelas estão quebradas ou estragadas porque nós só trabalhamos no nível humano. Outras vezes, é o poder divino que toma todo o espaço e o homem se considera como nada ou quase nada. O que temos que reencontrar é a estrela, a estrela da Síntese. E levarmos conosco esta imagem.

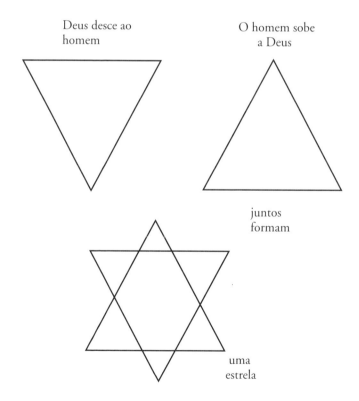

Conclusão

A partir de agora, cabe a cada um de nós continuar o seu caminho. A leitura do corpo que lhes propus foi feita unicamente para estimular as suas próprias leituras. As minhas interpretações foram feitas para estimular seus poderes de interpretação sobre os sintomas e os acontecimentos de suas vidas, iluminando-as pelas pesquisas das ciências contemporâneas e pelo aporte espiritual das grandes tradições.

Para terminar, vivamos um momento de silêncio. Vivamos este momento de silêncio lembrando-nos da frase: *Procure a resposta lá onde você colocou a pergunta*. A resposta está lá onde a pergunta foi feita. Para alguns de nós, a pergunta vem do corpo e as respostas estão no corpo. Para outros, a pergunta vem do coração e a resposta está no coração. Para outros a pergunta vem da razão. Cada um, procurando as causas de sua pergunta, indo ao fundo dela, pode descobrir a resposta. Uma resposta que não venha do exterior, mas que jorre do interior. Do interior do nosso silêncio.

Fiquemos então com o nosso corpo em uma boa postura, os pés bem firmados na terra, as nádegas relaxadas, a coluna vertebral tão ereta quanto possível, o queixo um pouco para dentro para liberar a nuca, as mãos tocando-se sobre os joelhos. Sintamos o contato de uma mão com a outra, os maxilares descontraídos, a testa o mais relaxada possível. Sintamos todo o nosso corpo como um templo. E neste templo acolhamos o Sopro. Procuremos degustá-lo e saboreá-lo. E deixemos agir em nós a força da inspiração e da expiração para que todo o nosso corpo seja lavado, curado. Deixemos vir a luz e que ela se inscreva nas partes mais dolorosas do nosso ser. Sintamos que somos um corpo de matéria, de lama e também um corpo de cristal, um corpo de diamante. Simplesmente respiremos na presença do Ser que É. E permaneçamos juntos nesta presença para o bem-estar de todos os seres.

Quando quisermos, abramos os olhos e tenhamos um pensamento de bênção por aqueles que convivem conosco e que vamos reencontrar em nossa caminhada. SHALOM!

Conecte-se conosco:

f facebook.com/editoravozes

O @editoravozes

X @editora_vozes

▶ youtube.com/editoravozes

☺ +55 24 2233-9033

www.vozes.com.br

Conheça nossas lojas:

www.livrariavozes.com.br

Belo Horizonte – Brasília – Campinas – Cuiabá – Curitiba
Fortaleza – Juiz de Fora – Petrópolis – Recife – São Paulo

      Vozes de Bolso

EDITORA VOZES LTDA.
Rua Frei Luís, 100 – Centro – Cep 25689-900 – Petrópolis, RJ
Tel.: (24) 2233-9000 – E-mail: vendas@vozes.com.br